湛庐CHEERS

与最聪明的人共同进化

HERE COMES EVERYBODY

轻松搞定家庭作业

Taking the Stress Out of Homework

〔美〕阿比·弗赖雷克
Abby Freireich

〔美〕布里安·普拉策
Brian Platzer

著

杨迎春

译

浙江教育出版社·杭州

前 言

把握辅导作业的时机，培养孩子的执行能力

当我的孩子在上交作文作业的前一天晚上才开始动笔写作时，我该如何帮助他们？

现在的数学教学内容和我小时候学的太不一样了！当我的儿子做数学作业遇到困难时，我该怎么做？

我的女儿应该参加哪些标准化考试？她该如何准备？

对于这类问题，我们不知道被问过多少次。作为父母，我们都想支持自己的孩子，但有时说起来容易做起来难。孩子的问题也许出自不会管理时间，比如他们一想到要做作业就感到不知所措，或者任务截止日期近在眼前，已经没时间做了；也许出自自我管理能力不够，比如他们不知道要做什么作业，不知道在哪里找到作业，不知道如何集中注意力。有时候，孩子在理解作业内容时，可能需要一些帮助，作为父母，我们应该做些什么？家庭作业经常会给孩子带来压力，甚

至造成家庭冲突，因此，它让很多人感到恐惧和痛苦。

这就是本书的切入点。从教育的角度来说，做家庭作业是为了让孩子巩固每天学习的知识，也是为了培养他们的独立性和责任感，帮助他们养成良好的学习习惯。从初中到高中，再到大学，甚至在未来的人生中，这些技能都是必不可少的。无论你面对的是孩子家庭作业量的增加，想让他顺利完成作业，还是你的孩子对家庭作业感到厌烦，本书都提供了具体的策略。作为家长、学校教师和家教老师，我们很了解日益复杂的教育形势。因此，我们写了《轻松搞定家庭作业》这本书，为父母提供一些对解决家庭作业问题极为有效的实践方法。

搞定家庭作业的关键是帮助孩子提高执行能力，也就是那些涉及计划和组织的技能。你会知道，在什么时候以及如何去做，才能帮助孩子提高执行能力，克服家庭作业中的困难。

每个孩子都是不同的，无论是面对三周后要交的科学项目报告，还是面对第二天的大考，每个孩子都需要不同的策略。根据孩子的年龄、性格、正在学习的主题内容以及一些其他因素，比如孩子是否能够集中注意力、是否喜欢练习投篮、是否阅读图像小说，或是否经常使用图片分享软件，我们的建议都会有所不同。无论孩子的个性如何，在提供帮助和支持的时候，我们考虑的首要目标是：帮助孩子建立自信，培养自立能力。

我们写这本书就是为了让孩子通过习得技能来提升熟练度，树立信心，而不是让他们产生“找到正确答案，这样就可以完成作业了”的心态。让孩子有机会掌控应对挑战的过程，这和找到正确答案同样重要，甚至比后者更为重要。

学会在困难中学习的孩子，在面对那些课堂内外不可避免的挫折时，才更有能力应对。作为父母，我们要通过关注孩子的学习过程，帮助他们打下深厚、持久的学习基础。

什么时候帮孩子，什么时候不帮

作为教师和家长，我们认为孩子应该学会独立学习。我们的工作就是用基本的方法指导孩子，让他们自己取得成功。

家长不是教师（除非他们本身就是教师）。作为家长，你不需要具备专业的知识。你不需要解释为什么混合运算要先做乘除，后做加减；你也不需要知道词语的含义，不用解释导致罗马灭亡的历史事件。自始至终，你都不应该帮孩子在本子上写作业，也不应该帮他们在计算机上做作业。

父母能做的和应该做的，就是帮助孩子养成良好的做家庭作业的习惯。虽然你可能不了解各种课程，但你会在处理生活琐事时确定优先级并给任务排序，在面对有挑战性的任务时，能够放慢速度，能把复杂的工作分解成更加容易管理的单元。没有人天生具有执行能力，也没有人天生就能处理好任务的优先级、应对挫折。

高效学习的基础是执行能力

什么是执行能力？执行能力就是我们做出大大小小决策的能力，我们甚至都没有意识到这一点，比如应该先刷牙还是先穿衣服？怎样才能让孩子在放学后去参加体育训练，同时还能让他们在最后期限内完成某项任务？

当老师们谈到执行能力时，他们指的是在计划、组织和完成任务时所涉及的所有步骤。把执行能力想象成项目经理，它负责管理你从醒来到入睡过程中的所有任务，或者将想法付诸实践。执行能力是孩子有效完成家庭作业的关键。我们面对的现实挑战是，课堂上时间有限，老师没有机会很好地训练学生的执行能力。

当我们还是孩子时，一个计划从开始到完成，整个过程中的每一个步骤对我们而言都很棘手。如今，完成这些步骤对执行能力的要求更加严格。从查体育成绩，到与朋友交流，再到弄清楚哪些作业应该在什么时候完成，科技已经改变了孩子们的做事方式。它虽然简化了孩子们做某些作业的方式（比如使用在线日历、浏览家庭作业资源网站、设置在线通知和提醒等），但同时也带来了许多麻烦（如来自社交媒体、短信、视频网站等的“诱惑”）。

在科技的影响下，孩子们的指尖动作可能会分散他们的注意力，这使得他们比以往任何时候都更容易偏离“轨道”，无法认真完成作业。日程表中排满了各种课外活动，这也让他们更难找出时间完成作业。

缺乏执行能力的学生，往往会在开始做作业时、确定作业的优先级时和完成作业的过程中苦苦挣扎。他们总是等到最后一刻才开始做作业。他们不确定要先做英语阅读还是先做数学题，也许他们一开始就忘记了有数学题这件事。或者他们不知道是把作业放在储物柜里或桌子上了，还是压在书包里那一大堆书下面了。如果没有坚实的执行能力做基础，做家庭作业对你的孩子来说可能就是一场战役，不久之后，它也会成为你的战役。

因此，我们的核心目标是帮助孩子获得强大的执行能力，以组织他们的想法和学习材料，管理好他们的时间。我们使用的方法会让那些曾经令人望而生畏的学习任务变得更容易管理。我们的练习将有助于增强记忆、提升思维灵活度、牢固树立自律意识，从而让孩子对学习做出更周全的计划。加强这些技能不仅可以在现阶段帮助孩子处理多项学习任务，而且在未来几年也会很有用。

小学高年级和初中阶段的家庭作业难点

在小学高年级和初中阶段，无论是家庭作业的数量、完成作业的方式，还是作业的内容，可能都会给孩子及其父母带来很大的压力，父母们总是试图辅导孩子，可有时连他们自己也不能完全理解那些学习材料。

在小学阶段，孩子们通常都有独立的课桌，老师也会做出具体的指导，教他们将不同的学习材料放在不同的地方，告诉他们在计划表中要记下哪些作业。每门学科都有独立的、带有标签的文件夹。

对于孩子执行能力的挑战，通常在四、五年级时才会突显出来，此时对孩子学习能力的要求就更高了。也就是在这个时期，许多学生开始在家庭作业上遇到困难。比如，是否记得把当晚需要的书本带回家，是否知道该在什么时候上交哪些作业，再比如是否能在打篮球、参加朋友的生日派对、观看自己最喜欢的节目之间安排好时间。孩子们在这个已经承受了过多学习压力和社会压力的年龄，所面临的执行能力上的挑战显得日益巨大。

初中阶段是人生转折的重要时期。丽贝卡和她最好的朋友再也不能一起上课了，她第一次数学考试也考砸了。亨利的父母刚刚离婚，他放学后从来没有带对过家庭作业。萨拉在课堂上即使听不懂也从不提问，回家后自然会对学习内容感到困惑……这样的情况还有很多。初中生的作业量大幅增加，他们可能会因此陷入自我管理的困境中，这时，强调结构化方法的执行能力就显得尤为重要。

在本书中，我们将重点关注小学高年级和初中阶段，也就是从四年级到八年级这个阶段。我们将重点介绍那些在学习上经历了一系列困难的学生。当孩子在学习上遇到挑战时，虽然家长通常首先想到的是联系老师，但我们会提出更具体的方法。在本书中，通过探索我们曾经帮助过的学生所经历的各种困难，我们希望指导家长更好地帮助自己的孩子提高学习的自主能力。

如何为孩子提供帮助

我们总是听到家长说，现在学校的教学跟过去完全不一样了。你可能不知道老师是如何教学生解决变量问题的，但即便如此，你仍然可以帮助你的孩子掌握方法，从而让他自己学会解决问题。

提到各种家庭作业问题时，我们都会以案例的形式向你介绍我们辅导过的学生。他们遇到的困难都是真实存在的。我们会带你一起了解他们面临的问题，并对如何解决这些问题提出建议。虽然这些案例中提到的问题你的孩子未必都会遇到，但我们确信，你会发现在案例中出现的学生的一些优点、面临的挑战和不寻常的行为，都和你的孩子有很多相似之处。

我们会在组织管理、制订计划、阅读、写作和解数学题，以及备考等方面具体介绍一些有效策略。无论你的目标是让孩子在考试中取得好成绩，还是希望他们能轻松地完成家庭作业，本书都会给你一些指导。我们会给你和孩子提供一些方案，以解决做作业过程中难免会遇到的问题。当你在阅读我们建议使用的策略时，也请记住一点：你最了解自己的孩子，所以要根据具体情况做出合适的选择。

无论你的孩子有哪些独特的优点，也无论他们想在哪个领域成长，我们都将和你一起，帮助他们成为充满自信、独立自主的孩子。独立自主的孩子从提问中学到的东西和从寻找答案中学到的一样多。

目 录

前　言　把握辅导作业的时机，培养孩子的执行能力

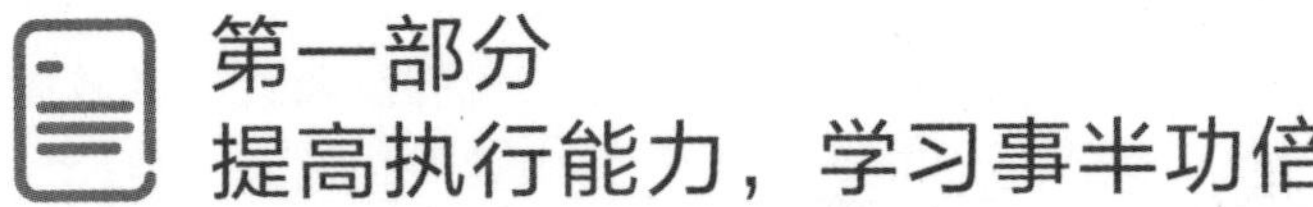

第一部分 提高执行能力，学习事半功倍

第 1 章　时间管理：提前制订计划，摆脱拖延　003

做家庭作业时存在的问题：拖延和分心　006

解决方案：防止拖延和分心　008

做家庭作业时存在的问题：不会制订学习计划　011

解决方案：战略性规划　012

第 2 章　学习技能：充分利用学习时间　027

做家庭作业时存在的问题：无法记住学过的知识　029
解决方案：运用学习策略，牢记知识　029

做家庭作业时存在的问题：压力本身　037
解决方案：减轻压力　038

做家庭作业时存在的问题：做作业时拼速度　040
解决方案：调整写作业的速度　041

第 3 章　组织管理：在混乱中建立秩序　046

做家庭作业时存在的问题：杂乱无章的学习环境　048
解决方案：打造理想的学习环境　049

做家庭作业时存在的问题：过度使用电子设备　056
解决方案：电子设备管理　057

第二部分 用对方法，各科学习更轻松

第 4 章　数学：成为灵活、自信的问题解决者　063

做数学作业时的问题：频繁出现可避免的小错误　064

解决方案：避免简单错误 066

做数学作业时的问题：记不住数学知识和心算存在困难 069
解决方案：提高记忆数学知识的能力和心算能力 069

做数学作业时的问题：“我不会做”心理 071
解决方案：克服“我不会做”的心理障碍 072

做数学作业时的问题：不会做应用题 075
解决方案：战胜数学应用题 075

做数学作业时的问题：复杂的多则运算题 080
解决方案：解决多则运算题 080

做数学作业时的问题：数学考试的压力 082
解决方案：做好考前准备 083

做数学作业时的问题：视觉冲击带来的压力 084
解决方案：减少视觉压力 084

辅导数学作业时的注意事项 086

第 5 章 阅读：爱上阅读，走入文本 090

阅读学习的目标 091

阅读时存在的问题：不爱阅读 092
解决方案：改变不爱阅读的孩子 093

阅读时存在的问题：只阅读图像小说，不读复杂的文本 099
解决方案：从阅读图像小说向外延伸 100

阅读时存在的问题：难以关注阅读的内容 101
解决方案：帮助孩子在阅读时保持专注 101

阅读时存在的问题：理解和推理 104
解决方案：批判性阅读 104

阅读时存在的问题：批注 109
解决方案：有效批注 111

第 6 章 写作：步步为营，成为写作高手 118

写作时的难点：写作前的准备 118
解决方案：做好写作前的准备工作 119

提供帮助时应避免的几个方面 122

让写作的车轮转起来 123

写作时的难点：列作文提纲 128

解决方案：分步骤列提纲 128

写历史研究性作文的注意事项 137

课堂上的写作 140

写作时的难点：找到合适的词语 141
解决方案：使用贴切的词句 142

修改文章 153

附录 1 如何准备美国各类入学考试 157

附录 2 帮助学生有效管理家庭作业的资源 165

附录 3 提升写作能力，可以这样做 167

致 谢 179

译者后记 182

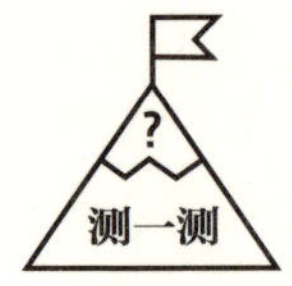

你知道如何轻松辅导孩子的作业吗?

扫码鉴别正版图书
获取您的专属福利

- 孩子总是等到最后一刻才开始做作业，不知道是应该先做英语作业还是数学作业，甚至会忘记把作业带回家。这些问题是孩子缺乏执行能力的表现。( )

  A. 对

  B. 错

扫码获取全部测试题
及答案，
了解孩子学习问题的
根源及解决方法。

- 孩子总是找各种理由逃避写作业，这可能是因为：( )

  A. 害怕做错题时老师的评价

  B. 害怕因为成绩差被父母批评

  C. 害怕来自同伴的评价

  D. 以上都是

- 从小培养孩子的时间管理习惯有助于孩子写好家庭作业。( )

  A. 对

  B. 错

扫描左侧二维码查看本书更多测试题

TAKING THE STRESS OUT OF HOMEWORK

第一部分

提高执行能力，学习事半功倍

第 1 章
TAKING THE STRESS OUT OF HOMEWORK

时间管理：
提前制订计划，摆脱拖延

安东尼是一位成绩优异的学生，也是布里安中学时代的好朋友。布里安的成绩向来不错，但还是比不上安东尼。不知道安东尼用了什么方法，能轻而易举地读懂莎士比亚的十四行诗，学习代数也很轻松。当老师第一次讲解复杂的细胞减数分裂时，他就能完全理解。安东尼并不是一个特别用功的孩子，但他在七年级期末时获了很多奖。

到了八年级，学校的课程越来越深奥，老师布置的作业也更难了。有更多任务需要学生花费较长时间才能完成，比如撰写实验报告等。对布里安来说，除了需要在作业上花更多时间，其他似乎没什么变化。

但出人意料的是，此时安东尼的成绩开始直线下滑。尽管同学们在做作业有疑问时仍然会向安东尼请教，但不知为何，安东尼的报告总是会被老师退回来，上面还布满了老师批阅的红色字体，有时老师甚至会在上面写下“请来见我”的留言。安东尼的父母对此十分恼怒。从前一家人在晚餐时有说有笑的温馨场景不复存在，家庭气氛变得异常紧张。

那时布里安还只是个中学生，他完全不明白究竟是什么原因让安东尼的成绩一落千丈。

很多年后，布里安成了一名老师。他在辅导八年级的学生丽贝卡时，才弄清楚当年安东尼成绩下降的原因。丽贝卡和安东尼出奇地相似：他们都绝顶聪明，在学业跌入低谷之前都曾是班里的尖子生。他们的父母都无法解释导致这种变化的原因。

布里安只给丽贝卡辅导了一次就弄清楚了“症结”所在。当他要求查看丽贝卡的学习计划、任务分配表和每天晚上的家庭作业清单时，丽贝卡却什么都拿不出来。前几年，丽贝卡在学业上一直非常优秀，所以她从来不需要规划如何完成家庭作业。那时，她每天晚上都能在脑子里回顾白天学习的课程，并能在当天晚上轻松完成第二天要交的所有作业。

有一次，在布里安给丽贝卡的辅导快结束时，丽贝卡的妈妈进来了。丽贝卡告诉妈妈，由于她前一天晚上才急急忙忙复习，她的科学考试考得很糟糕。丽贝卡的妈妈平时看上去很温和，但听到这样的消息后，她却大发雷霆，大吼道："丽贝卡，我已经跟你说过多少次了，你不能等到最后一刻才临时抱佛脚！"面对妈妈如此激烈的反应，丽贝卡生气地离开了房间。

丽贝卡走后，布里安和丽贝卡的妈妈交流了很久。布里安看得出来，她很关心女儿的学习，想帮助女儿取得好成绩。那一刻，布里安想起了安东尼。那时，安东尼也一定会因为急急忙忙地做作业却又做不好而感到吃力。因为安东尼没有提前做好计划，所以在面对更繁重的学习任务时，他就有些不知所措了。还有一个重要原因，当安东尼一筹莫展时，他的父母也缺乏经验，他们不知道该如何帮助自己的孩子，就这样陷入困境。

布里安多么希望时光能够倒流到 15 年前，这样他就能把辅导丽贝卡时用到的这些时间管理策略告诉安东尼。现在，我们来了解一下这些时间管理策略。

作为初学者，你要明白一个道理：如果你跟孩子说"学习去"，他可能根本不知道什么才是真正有效的学习。对有些学生而言，有效的学习意味着列出任务清单。对另一些学生而言，有效的学习则意味着将比较大的任务分解成若干项小任务。在绝大多数情况下，这两个方面都要做到。

作为家长，你要先评估一下，你的孩子在做家庭作业时，在时间管理、材料组织以及学习偏好等方面的具体情况如何。在后面的每个部分，我们都给出了一个问题列表，思考这些问题能帮助你鉴别自己的孩子属于哪一类型。根据这些细节，我们将提供更有针对性的方法，从而帮助你指导孩子养成良好的做作业的习惯。

孩子越早建立起最佳学习框架，学习的根基就会越稳固，在初中、高中、大学各个阶段乃至今后的一生中，学习起来就会越轻松。

做家庭作业时存在的问题：拖延和分心

我们都有过这样的经历，很多大型任务需要在一周内集中完成。一个周三的下午，丽贝卡的父母从她好朋友的母亲那里得知，丽贝卡马上会有一次化学考试，此外过几天还要交两篇报告。让丽贝卡的父亲恼火的是，丽贝卡经常在社交网站上发照片，但老师布置的作业却一个字都没写。据她的父母所知，她甚至都不知道还有报告这项作业。

如果你是家长，面对这种情况你会怎么办？批评丽贝卡可能是作为父母的本能反应，但在压力之下，丽贝卡要么沉默，要么爆发。根据我们的经验，那些因拖延而感到不安的学生更有可能产生负面情绪，更容易焦虑，这反过来又会加重他们的拖延问题。丽贝卡和她的父母都应该先冷静下来，想一想她该如何安排眼下的这些任务。父母应试着理解孩子，即使在生气时也要这样做。学会有耐力地迎接挑战能让丽贝卡在未来以更加积极的态度应对挫折。要解决丽贝卡的问题，不仅要了解她做作业的习惯中存在的问题，还要了解背后的原因，这样才能更好地帮助她养成良好的做作业的习惯。

你的孩子是否存在以下问题?

- 做作业时还做其他与作业无关的事。
- 花很长时间才能完成作业。

大多数人更关注当下的成绩而不是未来的成就，所以对于我们感到害怕的事情，我们总是喜欢拖延。经常拖延的孩子出于对某项特定任务的负面联想或感受，几乎总是会推迟完成任务。而逃避做作业通常会损害学生的自尊心，让他们更不喜欢做作业，这就导致经常拖延的恶性循环。搞清楚孩子为什么拖延，是什么让他们对手头的作业感到不安，并为他们提供更实用的方法来管理时间、安排事情的优先级，这两点尤为重要。

解决方案：防止拖延和分心

或许你一直认为自己的孩子是班上唯一一个“写作业困难户”。其实，在我们的班级里，包括我们自己的孩子，也总是会找各种理由推迟处理手中必须完成的作业，就像很多大人那样。

孩子不愿意做家庭作业的原因有很多：也许他很在意老师的想法，也许他担心自己的作业比不上同学的作业，也许当天在学校发生的事情让他分心了。无论如何，你都要试着弄清楚是什么原因让你的孩子不想做作业。

丽贝卡的作业压力来自哪里？

› **害怕做错题时老师的评价：** 丽贝卡首先应该温习一下自己不太理解的学习内容。对老师而言，学生努力学习，在不懂的时候能够虚心请教，这一点非常重要。老师们往往认为，能够提出问题的学生一定是专注、认真、充满好奇心的。无论老师的性格或口碑如何，他们都会对不懂就问的精神和认真学习的态度做出积极的回应。

› **害怕因为成绩差而被父母批评：** 请记住，虽然孩子考高分对你来说很重要，但孩子在学习过程中的专注度和努力程度才是他取得成功的关键。你要让孩子知道，和考试分数相比，你更看重的是他努力学习的过程。从长远来看，努力越多，回报越多。

› **害怕来自同伴的评价：** 丽贝卡的父母应该提醒她不要和同学比较分数。中学生尤其喜欢互相比较分数，这通常只会让他们感觉更糟糕。“你考了多少分？”对所有的学生来说都不是一个好的话题。中学阶段的孩子特别需要来自同龄人的肯定。丽贝卡的分数和其他任何人都没有关系，不需要和别人比较。比如她最好的朋友历史学得不错，但他的数学就没有丽贝卡学得好；或者他看上去每门学科学得都很好，但实际上他在艺术方面很薄弱。换句话说，在生活中，我们每个人都有更擅长的领域，能比别人更轻松地应对。挑战是不可避免的，重要的是我们如何面对挑战。

› **害怕自己能力不足：** 如果你的孩子也曾被这种担忧困扰，你要先与他共情，理解他的这种痛苦和感受。然后通过一些实例，让他相信自己是有能力的，而不至于对你的鼓励无动于衷。之后，你要和他分享你的故事，即你曾经认为自己做不了，但努力去做，最终攻克了难关的故事。你一定要诚实！如果你说你曾和摔跤冠军比赛，你的孩子是不会相信的哟。无论你选择分享怎样的成功案例，你要强调的是，你在这个过程中表现出来的决心、努力和坚持才是最重要的！

› **疲劳状态下超负荷学习：** 孩子需要学会优先处理真正重要的任

务。让孩子早点睡觉，一些小任务可以第二天早点起床完成。对每个人来说，在身体非常疲惫时完成一些大的任务，效果肯定都会大打折扣。因此父母要帮助孩子提前做好计划。制订一份任务计划表，将那些大的任务分解成若干项小任务，在几天或几周的时间里一项一项完成，这会让那些任务量比较大的工作看起来更容易处理。除了弄清楚导致作业压力的原因之外，做到以下几点也很重要。

减少潜在的干扰。每次丽贝卡在计算机上写完一句话，都要拿起手机查看一下信息。比起持续且专注地在计算机上完成作业，在社交网站上浏览一下当天下午朋友去了哪里对她更有吸引力。毕竟，浏览社交网站只需要轻轻点击鼠标或动一下手指即可，而完成作业似乎需要很多的时间。沉迷于手机的她根本不可能写出多好的报告。

我们应该排除所有通向成功的障碍。应该让丽贝卡停止使用或关闭手机上的社交软件和计算机上的聊天工具。我们当然知道这样做一定会让孩子们非常愤怒，但这场战斗是值得的！丽贝卡的手机应该存储在一个特定的地方（见第 3 章），这能让她不被干扰，一门心思地完成作业，而且作业的质量还很高。

强调短暂的快乐会带来长久的痛苦。和你的孩子讨论一下他们关于做作业的感受（感受肯定不好，否则他们肯定早就去做作业了）。提醒他们，这种短暂的、本能的拖延，以及痴迷于电子游戏，都会给未来的人生种下苦果。虽然像丽贝卡这样的孩子可能会抵触并抱怨，但帮助他们建立规则最终能让他们不再因家庭作业而挣扎。

在舒适、可靠、安全的前提下，给孩子营造一个有条理、能让他们更专注的环境，他们能更好地成长。这并不是一件容易的事。每天晚上，当你因孩子不认真做作业而感到抓狂的时候，你要不断强调这一点：短暂的满足只会阻碍你实现更长远的目标！

说明作业背后的意义。丽贝卡的父母要告诉她，为什么要把做家庭作业这件事放在首位。如果孩子不明白为什么要做这些作业，他就更有可能感到沮丧。例如，丽贝卡可能会问："为什么我需要学习代数？等我长大了，根本就用不到代数。"母亲可以这样回答："在你的日常生活中，可能的确用不上代数，但代数能教会你在未来的日子里如何完成一些复杂的任务。"如果丽贝卡想知道她为什么被禁止使用互联网，父亲可以告诉她，留出时间用来做作业会产生更好的结果，能让她在完成家庭作业后做自己想做的事情。知易行难，但集中时间专注地完成家庭作业真的非常重要！

做家庭作业时存在的问题：不会制订学习计划

丽贝卡和她的朋友杰达在时间管理上都遇到了一些问题，但两人的问题略有不同。丽贝卡的问题在于难以集中注意力，而且不知道自己的时间都花在哪儿了。七年级的杰达则一直很焦虑，对于手头上的任务，她总是一副没有准备好的状态。丽贝卡总是不清楚先要做什么，但杰达对于任务完全不知所措。杰达总是说："我还有好多事情要做！"她急得眼泪都快掉下来了："有一篇文章明天要交，我还没开始动笔，在这之前我还得吃晚饭、洗澡、做数学题！"杰达其实非常优秀，她热爱舞蹈、篮球，还喜欢研究蝴蝶，对朋友充满热情，但当她面对多个要在规定期限内完成的任务时，就会方寸大乱，不知道如何开始，心理压力很大。

你的孩子是否存在以下问题?

- 对于大型任务和小型任务，都会采用同样的方式制订计划。
- 面对大型任务很容易畏缩不前，导致直到最后一刻才真正开始动手去做。
- 总是忘记任务的截止日期。

解决方案：战略性规划

小学低年级学生的家庭作业通常可以在较短的时间内完成，且完成时间有大致的标准。比如完成数学练习册、进行日常阅读和写日记，分别都需要 10 ～ 30 分钟。可我们发现，在孩子升入五、六年级后，当项目和任务变得更复杂，要用几天甚至更长的时间才能完成时，许多人开始感到吃力。在这个学习阶段以及今后更高级别的学习阶段，运用一些具体的学习工具，对那些需要长时间完成的作业和考试进行安排和规划显得尤为重要。

以行动为导向，制订具体的计划。杰达应该先花一点时间制订一个计划，再开始做各科作业。不能简单地把老师布置的作业看成“老师说的一句话”，而要思考完成作业具体需要做什么。例如，老师可能会告诉全班同学：“这次科学作业下周四前要完成。”那么学生要做的就不是简单地写下“周四：科学项目”，而要用列清单的方式逐项罗列需要完成的内容，以确保记下了整个任务涉及的细节。

比如，周二的清单可能是这样的：

- 修改科学项目报告初稿
- 完成演示课件
- 制作报告封面

周三的清单就要对科学项目最后阶段要做的事进行分解：

- 打印科学项目报告
- 上传演示课件
- 把报告放在家门口（防止自己忘记把作业带到学校）

家长可以带着孩子进行头脑风暴，一起讨论完成任务的步骤，然后从截止日期开始倒推计划（见下文），在日历上标注每项主要任务以及其中需要完成的事项的时间点，以确保最后能够及时完成所有工作。

对于像杰达这样的孩子来说，列出完成整个任务所需的步骤，会让他在面临大型任务时更清楚从哪里开始，同时也能减轻他们的焦虑。这个方法太重要了，怎么强调都不为过。对于成年人来说，如何从 A 点到达 B 点可能很简单，但这对杰达和大多数学生而言并不轻松，甚至会让他们望而却步。当任务被分解成一个又一个具体的步骤时，就会变得更容易处理。在任务开始时，准备充分但有一些小失误总好过什么都不做而没有错误。

另外，让孩子在一开始写作业时就体会到成就感十分重要。相比一小时内完成全部 12 道数学题，10 分钟内完成两道数学题更能让他感到自豪。这样的体验会让他在迎接挑战时信心十足，进一步收获更多的成功。

我们来看一个案例。今天是周一，杰达需要在下周二交英语作文。她需要根据交作业的时间倒推计划。她的日程表应该如下：

周一　重读《杀死一只知更鸟》的重要章节
周二　收集引文、可能的论点，分析这些材料
周四　列提纲
周五　写初稿
周六　休息
周日　打印初稿，在纸稿上修改
周一　修改电子稿并打印
周二　提交终稿

计划中要预留几天空余时间，以应对一些突发事件和可能出现的干扰。有很多日程管理类的 App 可以辅助孩子记录每天需要完成的任务。

如果杰达不善于进行时间管理，她应该把每项小任务预计花费的时间也写下来。如果可以的话，以防万一，她最好在计划完成作业的日期和实际要求的截止日期之间留出一两天时间。比如，杰达可能会生病，丽贝卡可能会整晚给她发信息说学校里有个男生喜欢她，又或者杰达写文章的时间可能比她自己预计的要长很多。无论多大的任务，预留一些时间的策略都是很有效的。假设杰达要用几个月的时间做完一本语法练习册，她要估计一下有多少天可以做作业，还要计算每天晚上需要完成几页，以确保按时完成整本练习册。同时，她还要保证每周给自己放几天假。安排好以后，她就不会在截止日期前的两

个晚上拼命“奋战”了。

给孩子示范做计划。你每天的生活很可能被孩子、工作和各种差事填满，导致你可能想不到，让孩子看看你如何计划这些事情有多重要。花几分钟来示范一下你做计划的整个过程，让孩子看到你是如何分配时间来安排一系列任务的，这么做非常值得。和孩子讨论时，要强调你在同时处理各种差事、准备旅行、完成一个工作项目时所用的方法。当你的孩子对此习以为常时，他们就会向你展示自己的时间表。如果他们在很小的时候就开始运用这种方法，等他们上高中时，这个过程早已内化，再也不需要你的帮助了，你一定会为此感到庆幸。在最初阶段，你要一起参与，亲自向孩子示范如何同时完成多项任务。这无疑也是在告诉孩子：从长远来看，这项技能的重要性和实用性超越了家庭作业本身！

提前计划，分解任务。每周挑一个固定时间来安排下一周所有科目的学习，务必将主要任务分解为若干项更小的任务。这个固定的时间最好是在周日，但也要看日程安排。在做计划方面练习得越多，人就会越自信。如果杰达能更好地理解写一篇英语作文的过程，她就能更好地安排剩下的作业和其他任务。

任务清单和日程管理类 App 等工具，可以帮助杰达制订计划，记录任务的完成情况。除了计划表之外，一些日历也可以提醒她还有哪些需要做的事情，同时方便家长快速了解她一周或一个月内的学习任务。短期任务和长期任务都应该记下来，比如发邮件，在网上买运动鞋，以及睡前必须做的其他事情。杰达应该从每日计划开始，她的任务清单上可能会有如下内容：

- 写历史报告
- 完成数学练习题
- 给基廷老师发邮件
- 购买篮球装备
- 复习化学课的内容，准备考试

根据预估时间制定计划表。杰达的父母应该让她先估算一下每项任务需要花的时间，再根据估算的时间制定计划表。即使杰达估算的时间有错，这个思考的过程也能让她将这个策略慢慢内化，最终学会合理安排时间。这样，她在接下来的晚上就不用担忧了，也能更好地判断自己需要多长时间才能完成任务。

有时候，通过设定闹钟提醒来进行时间管理同样很有效。杰达可能在做作业期间花一小时摆弄她的蝴蝶模型，直到她意识到该睡觉了，才发现作业还没做。面对这种情况，杰达可以考虑在预估时间过了一半时设置一个闹钟，以提醒她不要忘了自己的任务。倘若设定闹钟带来的问题多于要解决的问题，那就不要用了。不过，闹钟对有些孩子来说还是非常有用的。无论是设定闹钟还是家长提醒，要做到在一开始就给孩子提供支持，帮助他管理时间。一旦他掌握了窍门，就让他进行自我管理。

所以，杰达应该在她的任务清单上补充预估完成任务所需的时间：

- 写历史报告——45 分钟
- 完成数学练习题——30 分钟
- 给基廷老师发邮件——5 分钟
- 购买篮球装备——10 分钟
- 复习化学课的内容，准备考试——45 分钟

从最难或最让人畏惧的任务开始。杰达的本能是先去做那些有趣或简单的作业，但她应该从最难的任务开始，否则，她开始写历史报告时可能已经筋疲力尽了。杰达的父母可以这样指导她：按照从难到易或者从不喜欢到喜欢的顺序，给任务排序。换句话说，她应该最后才买篮球装备，尽管她恨不得马上就去买。

如果杰达因为不想复习化学而先做其他作业，那么当她开始复习化学时，她会感觉更累，注意力也会更不集中。而且，拖延会增加她对考试的恐惧。如果杰达先从复习化学开始，她在复习完之后就会有一种解脱的感觉，这时候再去做那些简单轻松的作业，对她而言也是一种奖励。鼓励孩子先完成那些最具挑战性的作业，这会让他把注意力和精力都放在必要的任务上（见表 1-1）。

表 1-1　杰达周四的家庭作业计划表

时间	任务清单
15：30—17：30	篮球训练
18：00—18：45	晚餐
18：45—19：30	复习化学课的内容，准备考试
19：30—19：45	洗澡（休息）
19：45—20：30	从历史书上搜集资料，为历史报告做准备
20：30—20：45	吃软糖、看舞蹈比赛（休息）
20：45—21：15	完成数学练习题
21：15—21：30	给基廷老师发邮件，在网上购买篮球装备

虽然这样的计划表能让一些学生受益，但对另一些学生来说也许过于详细了。这因人而异。每个孩子都可以对计划进行修改，或者省略一些步骤，制订出最适合自己的计划表。

儿童时间管理策略

早在低幼年龄阶段，家长就应该有意识地培养孩子的时间管理习惯。年幼的孩子可以从记录每天下午要做的事情开始。如果足够有趣，互动性也强，他们就能从中学会组织和管理。以丽贝卡的弟弟约翰为例，可以让他挑选贴纸和自己喜欢的彩色记号笔，这会让他对计划产生兴趣。对所有年龄段的孩子，甚至对大多数成年人来说，把清单上的任务逐项划掉的过程本身就是令人愉快的。

对于年纪较小的孩子，用颜色对主题或活动进行分类，也可以让制订计划变得更加有趣。给孩子小小的奖励也很管用，如果他们能够自主选择用铅笔或是某种颜色的马克笔，以及用怎样的日历和计划表，他们今后可能会一直使用这些材料和计划表（见表 1-2）。

表 1-2　约翰周五的家庭作业计划表

任务清单	所需时间
阅读《好心眼儿巨人》的两个章节	30 分钟
完成减法练习题	30 分钟
给小狗喂食（休息）	4 分钟
搜集立体模型材料	45 分钟

这样做的目的是让孩子掌握完成作业的自主权。因为拖延和不会提前制订计划是各个年龄段的孩子都会遇到的问题，所以，从一开始就学习对任务进行优先级排序和时间管理技能更显迫切。

家庭作业计划表对许多孩子来说都很实用，但有些孩子可能会认为列计划让他们觉得非常压抑。如果你的孩子还没开始写家庭作业计划表就已经感到沮丧和疲惫，那不妨让他先写个简单的。向老师寻求帮助，制订家庭作业计划，也可能会很有成效。如果你的孩子每天放学后都无精打采，说明他白天在学校里消耗了太多精力，要么是因为要保持注意力高度集中，要么就是一直紧跟强度较大的日程安排。这时候，让他制订家庭作业计划就不太现实了。

哪种类型的计划表最好

手写计划表和电子计划表各有利弊。对于四、五年级的学生，我们建议使用手写计划表，因为手写的过程能帮助他们将任务进行内化。当学生整理书本时，可以非常方便地翻看自己手写的作业计划表，知道自己还需要做哪些作业。

对于六、七年级的学生，作业变得越来越复杂。他们可能倾向于制作电子计划表。很多学校都有家庭作业网站，有些学校还允许学生将待办事项添加到在线日历中，这有利于学生在一个非常完整的系统里将任务进行分解。一些日历管理软件能够非常便捷地通过弹出式提醒，提前几天或者几个小时发出通知，提醒学生要做什么。举例来说，丽贝卡下周要进行历史考试，她不应该等到考试的前一天晚上才临时去死记硬背。利用电子计划表，她可以设置每日闹钟提醒，提醒自己什么时候该去完成什么任务。如果她在下午 6 点左右回到家，除去洗澡、吃晚饭的时间，她的线上闹钟应该在晚上 7 点响起，周一提醒她整理历史考试题，周二提醒她复习历史课本，周三提醒她复习课堂笔记，等等。她可以提前一两周设置一天一次或一天多次的闹钟，以提醒自己还有哪些需要完成的作业。这样，她就不用在考试前一天晚上临时抱佛脚了。

坚持执行家庭作业计划，最好的方法是将其变成常规。丽贝卡和杰达，以及许多其他的孩子，都是在日复一日的常规训练中慢慢成长的。如果孩子在第一天就成功地执行了家庭作业计划，那以后的每一天都要坚持下去。每天下午，无论作业多少，孩子首先要做的事就是制订作业计划表。

制订作业计划表能让孩子养成一个良好的家庭作业习惯。回家后的第一件事是去洗手间，然后给自己 10 分钟的时间放松一下，再喝一杯柠檬水，接下来就是学习时间了。你的孩子可能需要几周才能形成适合自己的常规流程，而一旦形成了，就要鼓励他坚持下去。

从整体上安排时间，而不仅局限于家庭作业。家庭活动也应该添加到孩子的学习日历中。如果你们全家要在周四晚上参加聚会，那么孩子要在周一就十分清楚这件事。这种大局观能让他把课外活动和学业任务这两方面综合起来安排，而不仅仅是把家庭作业看作一项孤立的任务。

一周结束的时候，孩子的计划表可能如表 1-3 所示[①]。

当作业计划表效果不佳时

制订家庭作业计划表对于一些孩子来说效果很好，但对有些孩子来说还远远不够。如果你的孩子做作业时难以集中注意力，你在一开始就要扮演更加积极的角色。

酌情使用父母监督权。如果孩子在做作业时一开始就有些困难，你最好每半小时就检查一次，看看他都做了些什么，给他打打气。随着孩子年龄的增长，他做作业时会越来越不喜欢被打扰，这时你要逐渐降低监督的频率。可能他在一边做作业一边看手机或电视，也可能没有这么做，这取决于孩子对家庭作业的态度。但即使你很生气，也要表现得淡定。如果孩子不喜欢你监督他们做作业，你可以建议他使用计时器，以提醒他不要忘了自己的作业。不过，最好不要让他用手机上的计时器。记住，你的目标始终是帮助孩子获得自我管理的能力。所以，如果你一开始每 15 分钟检查一次，几周后就可以改成每半小时检查一次。

① 该计划表与中国中学生的实际情况有较大出入，仅作参考。——编者注

表 1-3　周计划表示例

最难

↓

最简单

周一	周二	周三	周四
15：30—17：30 篮球练习	15：30—17：00 篮球练习	15：30—16：30 找老师	15：30—17：30 篮球练习
18：00—18：45 晚餐	18：00—18：45 晚餐	18：00—18：45 晚餐	18：00—18：45 晚餐
18：45—20：00 英语作文（大纲）	18：45—20：30 主体段初稿	18：45—19：15 问题总结	18：45—21：00 修改作文，完成终稿
20：30—20：45 休息	20：30—20：45 西班牙语作业	19：45—20：00 休息	21：00—21：30 学习西班牙语词汇
20：45—21：30 问题总结	20：45—21：30 阅读历史书	20：00—21：00 完成参考文献	21：30—22：15 阅读历史书并做批注
周五	**周六**	**周日**	**待办事项**
提交英语作文		12：00—13：00 篮球客场比赛	下周：
西班牙语考试	9：00—12：00 家庭早午餐	15：00—16：00 数学作业	1. 准备新手套
16：00—19：00 去汤姆家参加聚会	12：00—15：00 和山姆见面，一起做科学实验	19：00—20：00 英文阅读	2. 给妈妈做生日贺卡
			3. 倒推历史报告写作计划，9月24日提交报告

奖励、休息和零食。我们建议，不要因为孩子做了他们应该做的事而奖励他们，这样做只会让他们学会讲条件，“如果我这么做，你会给我什么奖励？”这是一种会破坏学习自主性的心态。许多孩子不依赖外在的奖励依然能成功。如果可能的话，尽量不要给他们外在奖励。不过，对于那些缺乏动力的孩子则另当别论，给予一些小小的奖励可能会对他们有用。有些孩子对一些即时的回馈更感兴趣。比如，做完作业后，他们可以发发短信、聊聊天，或者看一集自己喜欢的节目。通过赚取积分或贴纸来赢得他们想要的东西，比如玩耍的时间、和亲朋好友做一些有趣的事情，也是一种不错的方式。一些孩子更看重长远的回报，这种回报需要他们付出几周或几个月的时间；另一些孩子可能更想要即时的奖励；还有些孩子根本不需要任何奖励。

针对做作业时注意力不集中、不会提前制订学习计划，尤其是没有养成良好的做作业习惯的典型情况，我们给出了五大策略[①]。这些策略是你能教给孩子的最重要的东西。

① 五大策略由作者精选或提炼而出，可能与前文条目不完全一致。——编者注

“五大策略” TAKING THE STRESS OUT OF HOMEWORK

防止拖延、分心、学习无计划

鼓励你的孩子：

1. 分析导致拖延的原因。
2. 根据截止日期倒推计划，将大型任务分解成若干项可管理的小任务，写在计划表上。
3. 减少潜在干扰。
4. 先做最难的作业。
5. 养成做家庭作业前先列计划的习惯。

第 2 章

TAKING THE STRESS OUT OF HOMEWORK

学习技能：

充分利用学习时间

从记事起，阿比就是一个容易焦虑的孩子。她总是竭尽全力学习，从老师宣布考试日期的那天起，她就开始复习了，有时甚至提前好几周。那时还是 20 世纪 80 年代末 90 年代初，她手写了好多页的历史复习资料，拼命地背诵直到全部记住为止。

科学是阿比学得最艰难的一门学科。所以，在八年级时，从蒂尔老师发下考试大纲的那天起，阿比就开始复习，那时距离考试还有近一个月的时间。她按章节制作了一张清晰的复习计划表，然后又花了好几个小时梳理课程内容，对每一种地质形态都做出了详细的文字描述。

可是到了考试那天，阿比却一直在担心，对自己花了那么长时间准备的考试毫无信心。“沉积岩是由被侵蚀的岩石形成的，还是一种火成岩？”这些内容如此熟悉，阿比却陷入自我怀疑，因为多项选择题的每一个选项看上去似乎都是正确的。

考试结束后，阿比流着泪无比沮丧地走出教室。她最终只拿到 B 的成绩。她无法理解，为什么自己花了那么长时间复习，却没能取得好成绩，而她的同学只花了很少的时间就拿到了 A。

阿比应该做出哪些改变？

就像布里安在丽贝卡身上看到了安东尼的问题一样，阿比在辅导八年级的学生萨拉时，从她身上看到了年轻时的自己。萨拉做事井井有条，每天晚上都要花好几个小时学习。她用不同颜色的卡片给每一门学科的每个主题都做了笔记。阿比发现萨拉总是会预习各门功课，却很难记住学过的知识。尽管萨拉学习如此刻苦，但她的付出和考试成绩总是不成正比。萨拉的妈妈告诉阿比，说萨拉对此感到十分沮丧，一直说“我就是学不好”。

阿比用了以下策略来帮助萨拉真正掌握学过的内容，但更重要的是，这些策略提升了萨拉的自信心！

做家庭作业时存在的问题：无法记住学过的知识

如果你的孩子在考试中总是无法记起学过的知识，那么他就会感觉学习毫无意义，从而导致成绩糟糕，自信心也随之降低。

你的孩子是否存在以下问题？

- 花很长时间复习，但考试当天就会忘记复习过的内容。
- 在面对需要记住的信息时不知所措。
- 似乎不知道该怎么复习与备考。

解决方案：运用学习策略，牢记知识

看到自己的孩子那么努力地学习，知道他有多在意考试成绩。看着他一天到晚不停地学，可是付出的时间和精力并没有换来让他欣慰的分数，这时，你可能感觉特别无助。

和孩子讨论什么是最佳的学习方法。问问孩子，当他默读、大声朗读或听别人读时，是不是更容易记住课本内容。每个人的学习方式各不相同，通过帮助孩子发现其特定的元认知能力和处理信息的方式，你可以帮助他了解自己是如何思考、学习和解决问题的。有些孩子需要看到或写下想法来将知识内化，有些孩子则通过听别人大声朗读材料来学习，还有些孩子需要通过互动和使用辅助材料才能透彻地理解概念。绝大多数孩子会综合运用这些方法进行学习，并因此而受益。

为什么这些策略如此重要？以萨拉为例，她的朋友在上周的历史课堂讨论时就已经记住了老师讲的重点。对于同样的内容，萨拉需要回家后做一张信息表，再对照课堂笔记来记忆。作为家长，你要鼓励孩子根据自己的学习习惯和优势来内化知识，而不是盲目地和朋友进行比较。

运用累积法，巩固记忆。分阶段记忆信息，并不断重复。孩子在面对大量信息时，可能会不知所措，这些信息也就很难被记住。我们的建议是，根据复习内容的多少和复习备考的天数对信息进行分解。

假设萨拉下周要进行历史考试。为了更好地准备，她应该将复习内容分为三个部分。第一天，复习第一部分；第二天，复习第二部分；到了第三天，她需要复习前两部分；第四天，开始复习第三部分。这样，当萨拉开始复习第三部分的内容时，她就不会忘记前面复习过的内容了。这种方法是通过重复来强化学过的内容。

萨拉的学习计划应该这样安排：

周一	复习第一部分
周二	复习第二部分
周三	复习第一、第二部分
周四	复习第三部分
周五	全面复习第一至第三部分

用简洁的列表进行总结，找出关键词，运用自己的记忆方法进行识记。将概念分解为关键短语，然后将要学习的内容整理成列表来复习，这样会让学习内容看上去不那么庞杂。比如，萨拉要记住“封建制度的意义”，她认为课堂笔记上的一句话很重要，要找出来好好复习。

封建制度的意义，包括建立政府（Government）制度、司法（Justice）体系和保护（Protection）机制。

将这种描述性文字写在学习清单上，对萨拉来说没什么帮助，也不容易记住。她应该把句子或段落分解成一系列知识点，在一些关键词旁边用彩笔做标记，然后运用自己的记忆方法来识记。有时候，看起来有些笨的记忆方法效果却最好。比如，记住单词的首字母有助于回忆起可能容易忘记的信息。

对于“封建制度的意义，包括建立政府制度、司法体系和保护机制”这句话，萨拉可以运用关键词总结主要内容，这对记忆至关重要。据此，可将“封建制度的意义”转换为“封建制度产生了”：

政府制度（G）
司法体系（J）
保护机制（P）

然后，利用关键词的首字母来创建一套记忆路径，进而记住首字母组合 GJP：

Giraffes 长颈鹿（政府）
Jump 跳跃（司法）
Poorly 很差（保护）

虽然跳跃的长颈鹿和封建制度扯不上半点关系，但当萨拉需要记起这些信息时，“长颈鹿”这个词就能帮助她回忆起相关知识点。

运用图表和可视化的表格帮助记忆。在记忆时，材料的视觉呈现方式很重要。当信息以一大段文字的形式呈现时，会让人不知所措，感觉就像一个大抽屉里杂乱地放着一堆未分类的文件。这一大堆信息需要根据一定的逻辑和框架重新划分。例如，在描述与探险家有关的重大事件和赞助国时，萨拉应该考虑用更有条理的方法来分解和内化信息，而不是列出一大堆长句。

萨拉需要用一种方法将信息进行分类，或者在大脑中建构一个知识体系，这样对知识的理解才会持久。制作图表有助于萨拉对信息进行整体概括，同时也有利于记忆。假如萨拉面临一场与欧洲殖民主义有关的考试，她可以按下面这种做法，将一些重要信息列在图表里（见表 2-1）。

表 2-1　信息整理表示例

探险家	赞助国	主要探险国家或地区	重大事件
亚美利哥·韦斯普奇（Amerigo Vespucci）	西班牙和葡萄牙	• 法属圭亚那 • 巴西 • 巴塔哥尼亚 • 南美洲 • 亚马孙雨林	1. 发现南美洲的大部分地区（印第安人是首先在那里被发现的） 2. 发现一种测量地球赤道周长的方法 3. 发现美洲是与亚洲分离的独立大陆
雅克·卡蒂亚（Jacques Cartier）	法国	• 加拿大	1. 绘制地图，并穿越加拿大的圣劳伦斯河（第一个发现它的欧洲人） 2. 第一个从法国出发，探索加拿大的人 3. 为欧州人开启了加拿大的大门

续表

探险家	赞助国	主要探险国家或地区	重大事件
亨利·哈得孙（Henry Hudson）	英国和荷兰	•纽约地区 •鲸湾 •哈得孙湾	1. 发现鲸湾 2. 出售鲸脂和石油，使英国变得富有 3. 绘制了旅行地的地图 4. 为荷兰找到哈得孙河和曼哈顿 5. 与当地的莫希干人进行贸易往来

建立知识间的联系。除了制作图表之外，还要搭建一个更大的框架，将那些看上去没有关系的信息联系起来。萨拉不应该只是死记硬背一个个零散的知识点，而应该加强知识点之间的联结。比如，她不应该只是记住不同的探险家所取得的成就，而要能够解释他们是如何在前人的基础上取得新成就的。通过跨学科的信息整合，她对知识的记忆能力以及批判性思维能力将会得到提高。比如，在历史课上探讨“如果没有地缘政治竞争的紧张局势，第一次世界大战就不会爆发”，在科学课上探讨“光合作用依赖于细胞呼吸”，或是在英语课上探讨“兰斯洛特符合亚瑟王对骑士的标准，他是一名优秀的骑士，因为他……”。

使用视觉辅助。对于即将到来的关于“亚瑟王”的历史考试，如果萨拉记不住“骑士精神”这个术语是什么意思，她可以在作业本上画一名骑士向一位女士鞠躬的图画。大多数孩子会怎么做呢？他们通常会在搜索引擎上输入“骑士精神”，查到它的意思是“道德”后就完了。这个解释虽然准确，却完全脱离了上下文的语境。

通过手写整理信息，进行复习和口头测验。这种方法或许有些过时，但将信息一点点写出来比在计算机上输入更有助于记忆。话虽如此，如果嫌手写麻烦，也可以让孩子在计算机上整理笔记，但是不许从同学那里借笔记抄。抄别人的笔记会妨碍记忆。萨拉应该采用累积法学习，然后对所学内容进行口头测验。

讨论学习内容。孩子对一些信息掌握得不是很牢固，这种情况会经常发生。这时，与家长一起讨论主要知识点，能够帮助他们厘清思路、内化知识，也有助于对信息的提取。萨拉可以用记要点的方式，把那些记不住的材料写下来，一边写一边朗读。手写和朗读相结合的方式能够帮助萨拉巩固记忆。

制作知识卡片。除了制作图表之外，知识卡片也可以帮助组织材料。例如，在卡片的正面写上“亚美利哥 · 韦斯普奇”，背面列举他的成功和失败之处，用要点而不是大段文字进行概括。在复习历史时，萨拉可以先看卡片的正面，背诵探险家们的成就，然后把卡片翻过去，对照背面的要点，检查自己说得是否准确、完整。

可以让孩子制作索引卡，分别创建“掌握了的内容”和“要练习的内容”。萨拉应该先去复习“要练习的内容”，直到自己感觉满意为止。当萨拉觉得已经掌握了大部分“要练习的内容”时，她应该将所有内容再复习几次。理想的方式是轻声读，从而巩固知识，建立信心。

适当使用音乐。音乐能让记忆更加牢固。鼓励孩子在记忆时给学习内容配上旋律和节奏，以说唱的方式来记忆，既有趣又有效。

让身体动起来。有许多孩子，无论是那些坐不住的还是能够静坐学习的，他们发现在背诵时四处走动能够促进记忆。这种走动不仅不会分散孩子的注意力，反而有助于他们更加专注地记忆。

用测验检验学习成果。如何判断孩子是否掌握了学习内容？最好的方式就是随堂考试、小测验或课堂写作。孩子如果能够完成相应的任务，就意味着这部分的学习可以结束了。最初，孩子可以通过口头复述学习内容的方式进行自测，一定要及时写下遗漏的信息，确保这些内容都记住了。之后，他可以做一份样卷，或者根据课堂笔记、家庭作业和学习指南，设计一份模拟试卷进行自测。如果口头复述和书面测试都没有问题，就说明孩子已经掌握了这部分内容，学习可以结束了。

合理使用信息技术。信息技术能够很好地帮助孩子检验自己对具体学科知识的掌握情况，但孩子不能完全依赖技术。像一些记单词软件和其他类似的网站、软件，可以用来巩固知识，但不能依赖它们内化学习过程，这些网络工具并不能帮助孩子记住学习内容。由于网站上有现成的学习资料，孩子们经常会被这些资料吸引，如果必须使用这些学习网站，孩子也应该自己总结学习资料，然后在论坛上进行提问、交流，这才是更好的记忆和学习方法。

同样，音频资料如有声读物或带朗读功能的电子书也能让一些孩子受益，尤其是对于那些听力理解能力超过阅读理解能力的孩子。虽然音频资料可以辅助孩子学习，但音频资料不太适合用来学习复杂的知识，所以我们通常不建议初中后期和高中阶段的孩子们使用。

做家庭作业时存在的问题：压力本身

正如阿比所说，焦虑不仅会影响孩子的学业，还会打击他们的自信心。如果你的孩子一直担心自己在学习方面能力不足，请继续读下去。

你的孩子是否存在以下问题？

- 连续学习几个小时，仍然担心学得不够。

- 向你抱怨他感到压力很大。
- 把课本落在学校时会哭。

解决方案：减轻压力

就像读初、高中时的阿比那样，现在也有很多孩子总是担心自己不能很好地完成作业。他们越来越重视考试，要挤进最好的班级、考最好的高中和大学。所有这些压力，会让一些孩子认为每一次考试都至关重要。如果我们只是告诉这些孩子，他们的担心是没必要的，这样做其实并没有多大的用处。你可以尝试用以下任何一种方法来帮助孩子减轻压力，找到对他来说最有意义的方法。

深呼吸或暂停学习。如果你的孩子是像萨拉那样的完美主义者，那确实没什么简单的解决办法。你可以建议他深呼吸，让他哭出声来，或者提醒他暂时放下学习，放松片刻。你还可以告诉他，无论考试成绩如何，你都会为他感到骄傲。

运动锻炼或短暂休息。当萨拉为作业感到焦虑时，她应该去运动，放松一下，然后再回来学习。她可以出去快走一会儿或做一做跳跃运动。我们发现，经过短暂的运动，孩子的压力会减轻，再去做作业，思路也会更清晰。

然而，如果孩子处于疲劳状态，他最需要的则是彻底休息。小睡之后再回来学习，孩子的状态会好很多。

关注过程和努力程度。萨拉的同学会认为数学得了 C 很糟糕。换作是你，对这个成绩也一定不会满意。尽管如此，认可孩子所付出的努力很重要，毕竟他学会了如何整理、分析，也记住了一些新学的知识。如果帮助他把注意力转移到自己所获得的能力上，那么糟糕的成绩也就不会让人感觉那么沮丧。如果孩子在考试中表现不佳，但明白了该如何组织文章的结构，学会了写主旨句，这种收获同样重要，而且很有指导意义。

让孩子树立学习的信心至关重要。你的本意可能是想让孩子意识到他做得不够好，但批评不仅无法激励他更加发奋学习，反而会让他坚信自己学不好。如果你发现孩子总是无法抓住重点，你给的建议他又听不进去，这时，建议你向老师寻求帮助。记住，表扬孩子的努力，会让孩子看到自己的潜力，他们会主动挖掘自己的潜力。这种激励会带来良性循环，以后孩子会更加认真地学习。

对孩子充满同理心。讨论压力只会让我们痛苦，这是常识。所以你要告诉孩子，不要整日为学习烦恼，如果他把焦虑的时间用来做其他事，那么无论是学习还是练习篮球，都会让他更快乐，收获也更多。不过，说起来容易做起来难。当孩子处在焦虑中时，给予他关爱和理解，提醒他善待自己，并且在生活中为他做出榜样，才是你支持他的最佳方式。

激励孩子表达自我需求。表达自我需求是孩子应该学习的最重要的技能之一。不懂就问是每个孩子都需要迈出的重要一步。通过向老师请教，不仅能够帮助他们更好地理解学习内容，还能培养他们学习的自主性。

正确看待成绩。健康、家人、朋友、善良，这些通常是我们认为很重要的事情，但对于那些一直饱受焦虑折磨的孩子来说，成绩才是一切。就算孩子对你友善的提醒置若罔闻，你也一定要让他知道，有很多事情比成绩更重要。

当然，如果你觉得通过简单的对话来缓解孩子的焦虑或痛苦还远远不够，请向医生或校方咨询，了解如何联系专业的心理咨询师。

做家庭作业时存在的问题：做作业时拼速度

无论作业难不难，作业量大不大，每当泽维尔的妈妈叫泽维尔吃晚饭时，他总是已经完成了所有的家庭作业。每次妈妈问他：“作业做完了？”他都得意地答道：“妈妈，我一个小时前就做完了，作业很简单！”

在家长会上，各科老师一开始都会夸泽维尔聪明、有悟性，但接下来就会给他的父母展示泽维尔那一份又一份本不该出错的作业。很明显，欲速则不达，着急完成任务反而导致泽维尔成绩下滑。

泽维尔的父母应该怎样做呢?

你的孩子是否存在以下问题?

- 才写了 10 分钟就说自己已经完成了所有的作业。
- 写作业马马虎虎，许多不该出错的地方都写错了。
- 老师反馈说他写作业的速度太快了。

解决方案：调整写作业的速度

有些孩子每天晚上都像百米冲刺一样完成作业。结束了一天的学校生活，结束了课外活动，孩子们特别渴望回家后有一段空闲时间，于是他们以最快的速度完成各项作业，好争取一些属于自己的时间。尽管我们理解这是本能使然，但匆忙完成家庭作业，往往会导致作业质量下降。对此，可以参考以下几种方法。

合理预估作业时间。正如第 1 章中所讨论的，预估作业时间能够帮助孩子更好地管理时间，还能让孩子投入更多的精力到作业中，放慢做作业的速度。比如，如果泽维尔预估一项作业大约需要 45 分钟才能完成，那他不太可能只花 7 分钟就匆忙结束。

把检查作为写作业的一个环节。在为写一个段落或一篇文章分配时间时，孩子们需要把检查的时间也考虑进去。孩子们经常会为写作业做计划，一旦做完了作业，他们就会开心地认为任务都完成了，殊不知作业中有很多显而易见的错误。

分板块检查比较好操作。例如，每写完一段后就检查，比写完整篇文章后再从头到尾检查更容易发现错误。当然，写完后还是要进行通读，以确保文章的逻辑结构没问题，这很重要。

把作业打印出来，边读边检查。把英语和历史作业打印出来修改，比在计算机上进行修改更有效。泽维尔可以一边读，一边拿铅笔在纸上进行修改。孩子朗读时需要家长仔细听文章的内容，还要认真看打印出来的文字。这样做更容易发现写作中的错误，比如文章的逻辑性、措辞、拼写和标点符号错误。例如，孩子朗读时在没有逗号的地方停顿了，你可以请他说明一下为何要在这里停顿，而不是直接告诉他要在这里加上一个逗号。

对于像泽维尔这样的孩子来说，他们的写作需要不断打磨，在真正完成写作任务之前，需要一次次地把作业打印出来，然后手动修改。这种情况在日后应该成为常态。

确保孩子明白“完成作业”的真正含义。不能让孩子用“我明天再检查”或“我要和丽贝卡对一下答案”这种反馈来应付。一定要让孩子确认“所有作业都完成了”。和孩子一起进行头脑风暴，讨论一下完成作业的具体步骤，这个过程是非常有价值的。例如，如果泽维尔要在作文中删掉一段，你就要提醒他，不仅需要重新检查文章的条理性和论据，还需要检查语法、写作规范和标点符号。关于写作的介绍，可以查看“附录 3”。无论是什么作业，泽维尔都应该把主要任务进行分解。

思考一下答案是否合理。在学习数学和科学时，孩子应该每隔几个问题就停下来，思考一下答案是否合理。很多时候，孩子们只是机械地完成作业，而不会回头检查答案是否合乎逻辑。例如，泽维尔正在做一道关于距离、速度和时间的习题，他的答案是某车以每小时 100 万千米的速度行驶，他应该想一想这个答案是否合理。

“五大策略” TAKING THE STRESS OUT OF HOMEWORK
运用学习策略，牢记知识

鼓励你的孩子：

1. 思考自己怎样做学习效果最好。
2. 运用累积法，巩固记忆。
3. 用简洁的列表进行总结，识别关键词，善用记忆符号。
4. 建立知识间的联系。
5. 制作学习清单。

“五大策略” TAKING THE STRESS OUT OF HOMEWORK
减轻压力

鼓励你的孩子：

1. 深呼吸或暂停学习。
2. 运动锻炼或短暂休息。
3. 关注过程和努力程度。
4. 学会表达自我需求。
5. 正确看待成绩。

“五大策略” TAKING THE STRESS OUT OF HOMEWORK

调整写作业的速度

鼓励你的孩子：

1. 从合理预估作业时间开始。
2. 把检查作为写作业的一个环节。
3. 把作业打印出来，边读边检查。
4. 理解“完成作业”的真正含义。
5. 思考答案是否合理。

第3章

TAKING THE STRESS OUT OF HOMEWORK

组织管理：

在混乱中建立秩序

在布里安所教的七年级的历史课上，有一个叫雅各布的男生总是积极参与课堂讨论。他很像一个领导者，语言表达流畅，有自己独到的观点，而且他的观点总能引发其他同学对所学知识的思考。可是，当需要提交书面作业时，雅各布总是要求延期完成，他在学校大厅里遇见布里安时，也总是极力躲避。雅各布通常在最后一天才交作业，而且作业的质量远远低于他的实际水平。

布里安决定和雅各布面谈一次，他想弄清楚雅各布到底是怎么回事。他让雅各布做了一些练习，想了解雅各布存在的问题。让布里安感到惊讶的是，雅各布在各项练习中的表现都非常好。雅各布的阅读很流畅，理解力很好，语法知识也没有任何问题。在开始写作之前，雅各布还知道先写一个主旨段。布里安打算重新看看雅各布最近提交的一篇作文，找出他写作的症结所在。

当雅各布拉开书包的拉链要拿作文本时，一支没有笔盖的笔戳到了他的手掌。当雅各布将手伸向书包的深处继续寻找时，从书包里掉出来一大堆东西，有纸巾、糖果、免洗洗手液、计算器、魔方、全麦饼干，还有一打没有削过的铅笔和一张张皱巴巴、撕破了的数学试卷、科学实验记录单，以及英语和历史作业本。

“对不起，”雅各布一边找一边笑着说，“不是这个。哦，这个饼干看起来还能吃。我之前还一直在找它呢！”

雅各布的问题与他的思想或态度无关。他的主要问题在于缺乏对物品的管理能力。他需要这方面的指导。布里安给雅各布的父母发了一封电子邮件，将雅各布书包里的东西乱七八糟的情况告诉了他们，并建议他们给雅各布准备一些活页文件夹，不同的学科用不同的颜色。他还特别强调有必要给雅各布准备一些收纳空间来存放他那些杂物。

雅各布的父母给布里安发回了一张雅各布书桌的照片，照片上是一堆凌乱的纸张、笔记本、文件夹、餐巾纸和足球杂志，而在这些物品的上面，竟然还放着雅各布的计算机。问题是：在这样的场景中，雅各布该如何开始学习？

自然，雅各布什么也做不了。在这种杂乱无章的环境中，谁能专心学习？更不用说写文章了。

雅各布平时看起来很快乐，因为他的生活很轻松。他偶尔也会无精打采，通常是在他感觉疲劳或饥饿的时候。绝大多数时候，他从容自若，喜欢学习，能和朋友玩到一起，喜欢运动，没什么烦恼。可惜，随意的天性导致他有些懒散。他的桌子、书包和储物柜里杂乱无章。当他做好准备，打算去做作业时，手机又让他分心了。值得庆幸的是，对雅各布、他的父母和我们这样的支持者来说，这些问题都有很好的解决方案。本章将介绍一些方法，能够帮助像雅各布这样的孩子进行自我管理，从而提高学习成绩。

做家庭作业时存在的问题：杂乱无章的学习环境

即使是最勤奋的学生，如果在一个杂乱无章的环境中学习，或者不能很好地管理自己的学习材料，也会深受其害。

你的孩子是否存在以下问题？

- 桌上总有堆积如山的纸张和一堆乱七八糟的东西。

- 作业本经常从文件夹里掉出来。
- 总是很难从文件里找到所需的材料。
- 经常忘记把作业带回家或带到学校。

解决方案：打造理想的学习环境

即使不像雅各布那样缺乏条理性，孩子也会因整洁的学习环境而受益。干净整洁的学习环境能够帮助孩子尽可能消除潜在的干扰。下面介绍的一些策略，能够帮助家长在家为孩子打造理想的学习空间，帮助孩子学会整理背包和储物柜。

家庭学习环境

首先要明确的一点，也是最重要的一点，即孩子在家的学习环境必须井然有序，这有助于他在学业上取得成就。

清理杂物。雅各布的桌上不该有魔方，也不该有一堆皱巴巴的旧数学试卷。大多数孩子都很难在堆满杂物的环境里专注学习。你要做的事很简单，就是将这一堆东西从孩子的学习区域搬走。当孩子坐在整洁有序的课桌前专注学习时，也会感觉不一样。

理想情况下，学习空间只用于学习：房间里可以放一张写字桌，或者靠墙放一张小桌子。如果没有专门的学习桌，到了做家庭作业的时间，雅各布应该先清理桌子，桌子上只保留做作业所需的一些物品。要创造一种和做作业之前不一样的学习环境。如果先完成的是西班牙语作业，那他应该及时把作业放进西班牙语文件夹，再拿出其他作业。

根据自己的需求决定是否要人帮忙。雅各布喜欢独立学习。为了准备考试，他会在计算机上整理重要的核心知识，然后一遍遍阅读，直到完全掌握为止。因此对雅各布而言，他需要一个可以独自安静学习的环境。他的妹妹艾娃则不同，她更喜欢通过口头练习来巩固知识。因此，艾娃希望身旁有家长或看护人来跟进她的学习，当她有问题时，大人可以及时帮助解答。

关注孩子的需求。如果你觉得孩子需要更多的帮助，但他自己并没有提出太多需求，那么在他做作业的过程中，或者在他完成作业后，你要跟进一下，问问情况。需要注意的是，如果孩子请你帮他检查每道题目，你应该鼓励他自己检查。

我们发现，让孩子给父母讲他做题的思路也是一种很好的方法，这样他就可以将完成具体学习任务的过程进行内化。另外，即使是让孩子将正在做的题目讲给他自己听，也能帮助他梳理思路，解决困惑。

一次完成一项任务。当一项任务完成后，雅各布应该把相关的书籍、作业本和学习工具放到一边，然后在大脑里回顾一下任务清单上的作业。他应该先把与这项任务相关的所有材料放进书包，再把下一项任务所需的相关材料拿出来。这样做能让他保持专注。完成每一项书面作业后，雅各布都应该立即将作业放入文件夹，再将文件夹放进书包，否则他很有可能会把作业忘在家里。

完成一项任务意味着将所有相关的东西都放到合适的地方，为下次需要时做准备。这种做法能让孩子形成强大的常规意识，养成良好的做作业的习惯，孩子、父母和老师都会变得更轻松。

为常用物品设置固定的收纳区。雅各布也要参与布置收纳区的过程。首先要得到他对这件事的认可，然后让他参与其中，不要让他觉得这是你强加给他的。如果他参与布置收纳区，他就会对物品放置的位置了然于胸，以后就能轻松找到自己所需的东西，无论是钢笔、铅笔，还是计算器。在整理的过程中，你们还有可能找到一些遗失已久的物品，“失而复得”的感觉一定很棒。

尽量减少干扰。喧闹的音乐、嘈杂的谈话声、艾娃举办的聚会上的声音、艾娃的鸟和雅各布的鸟的“吵架”声，以及其他各种干扰，这些都给需要专心做作业的雅各布带来了困扰。面对如此多的会导致分心的因素，哪个孩子不需要帮助呢？对于像雅各布这样的孩子，大人需要给他们腾出空间，并保证有相对安静的环境，这样他们才能集中注意力去学习。

书包

还记得前面提到的雅各布的那个书包吗？它充分暴露了雅各布的自我管理有多混乱。无序的物理空间可大可小，可以是整个家，也可以是一个书包。

使用用具收纳物品。雅各布需要一个大号的活页文件夹，然后把文件夹分成不同的学科区域，每个区域都有一个笔记本和口袋文件夹。把所有材料集中放在一起，变动越少，丢失的可能性越小，越方便统一保管。每个学科对应不同的颜色。这样，当雅各布急着去上科学课时，他就可以快速地把刚才正在做的数学试卷放在对的地方，避免忙中出错。

对于刚上学的孩子，你可以和他一起列一个每日书包清单。最好把这个清单附在书包上，像行李标签一样。清单中应该包含课堂上要用的物品和课外要用的物品。这样，他在上小提琴课时，就不会忘记带琴了。他的书包清单应该如下：

- ✔ 家庭作业文件夹
- ✔ 铅笔盒
- ✔ 立体模型
- ✔ 小提琴
- ✔ 足球服

这样做会让孩子有一种责任感，最终，他会学会管理自己的个人物品和学习材料。这种能力一旦内化，他只需要在脑海里列一个清单就够了。当然，在这个过程中，他还需要你的提醒和鼓励。

使用便利贴和其他提醒方式。在你家门上贴上色彩鲜艳的便利贴，用来提醒孩子还有哪些待办事项，这也是一种很好的方式。比如，“交修改后的数学作业”“外出活动要带午餐”等。经常更换便利贴的颜色，确保它不会被忽略。提醒方式的视觉效果越强烈，孩子就越不容易忘记。

假设雅各布在放学时总是忘记把学习材料带回家，他可以在活页文件夹上系一根彩带。这样，放学后他在把活页文件夹放入书包时，就会得到一个视觉提示，提醒他带上晚上做作业需要的材料。有很多孩子和家长在我们的建议下使用了这个方法，这个简单的行为所带来的巨大改变让他们觉得不可思议。

TAKING THE STRESS OUT OF HOMEWORK

不要因为孩子一时无法纠正自己的错误而批评他们。我们都知道，有时这不太可能做到。比如他有本书找不到了；丢了作业单，需要朋友拍张图片发给他；作业实在没法按时上交，只能向老师请求延期。对孩子来说，事情已经失控了，这时你再批评他，只会引发冲突。你应该在事后使用一些策略，帮助他避免类似的情况再次发生。

利用这个机会告诉孩子，为什么保管好自己的学习材料和作业很重要。让它成为孩子的一次绝佳学习机会，这样他就会不断进步。让孩子知道你并没有因此生气或感到失望，你想帮助他建立良好的习惯，以避免作业带来的压力和痛苦。

周末检查书包，整理学习材料。如果你的孩子有点像雅各布，会把纸张和其他各种东西弄得到处都是，那他就需要定期清理自己的书包。每个周末，雅各布应该清空一次书包，把那些不要的东西扔掉，对于那些不必每天随身携带，但在小测验或期中考试时会用到的材料，则要进行分类收纳。

准备一个风琴包，收纳各科材料。带有标签的风琴包是很实用的工具，孩子们可以用它来整理材料，非常便捷。对于那些并不是每天都会用到的材料，日后拿取时也很方便。为了养成整理书包的习惯，雅各布应该在每周固定的一天、固定的时间段做这件事，比如周日的晚上，这样可以为接下来一周的学习做好准备。

学校里的储物柜

如果你的孩子在家里已经可以很有条理地管理自己的物品了，那么帮他在学校建立一个管理物品的习惯也很重要。要想确保孩子带回家和带到学校的作业都带对了，就必须让他知道这些材料该放在哪里。

做到有条理。根据孩子的储物柜大小，为他购买一些文件夹或文件架来存放书本和学习材料。记得一定要贴上标签！扔掉那些无关紧要的东西，比如明星杂志、空的薯片袋和坏了的订书机。

养成定期清理储物柜的习惯。让孩子每周一次或每月一次检查储物柜，根据需要扔掉一些东西，把一些材料带回家，有些材料则需要归档。你可能想象不到孩子的储物柜里会有多少纸片和垃圾！

家校合作。如果你在家里使用的一套方法很奏效，那就把它推荐给孩子的老师，建议老师在班里也使用类似的方法。反之亦然，如果学校有一套有效的方法，不妨也在家里实施一下。例如，孩子在学校会用标签对不同材料进行分类，这种做法让他受益，那么在家里也可以借鉴，这样他就知道什么东西该放在哪儿了。或许他会用一个文件夹专门放一些涂鸦作品或不重要的材料，并将这个文件夹放在学校或他的书桌上，这样就不会和重要的材料混在一起了。又或者，他在家里有一份“需要带到学校的物品”清单，那么学校的储物柜里也可以贴一张“需要带回家的物品”清单。

做家庭作业时存在的问题：过度使用电子设备

当今社会，科技比以往任何时候都更容易影响我们和孩子的生活。无论你的孩子是在上网课还是在玩手机，时间一长，你随时都有可能对他大发雷霆。对此，我们感同身受。无论孩子是在校学习还是远程线上学习，父母的要务是帮助孩子设定界限，让他们专注于正在学习的内容。放下手中的电子设备，他们才能更好地完成家庭作业，也才有时间和你一起度过一段不被打扰的亲子时光。

你的孩子是否存在以下问题？

- 在做作业时身边总会放着手机或平板电脑。
- 会被频繁的群聊信息提示音分散注意力。

- 因为网络媒介的干扰而无法集中注意力。

我们无数次听到初、高中生的父母抱怨孩子的这些问题，也有非常多的孩子在第一次上我们的辅导课时，就把手机放在家庭作业旁边。我们来看看七年级的杰达的情况，她有很多个聊天群，其中有一个群，她差不多每两分钟就要查看一次。她的父母十分焦虑。他们怎样做才能帮助杰达回到正轨，避免情况进一步恶化呢？

解决方案：电子设备管理

简单粗暴地拿走孩子的手机和其他电子设备，只会让你和孩子之间冲突加剧，并不能帮助他养成正确使用电子设备的好习惯。以下是我们给出的一些策略。

先完成作业，再玩电子设备。许多孩子会在计算机上完成大部分学习任务。为了帮助他一直专注于学习，我们建议你先和孩子谈谈，为什么要暂时将那些可能分散注意力的软件关闭或静音。有一点很重要，就是让孩子明确区分学习的时间和玩电子产品的时间。提醒孩子，在没有这些电子设备干扰的情况下，他能更加高效地完成作业，完成后他就可以玩一会儿电子设备了。

设置一个电子设备存放空间，设定界限。这个电子设备存放空间应该在一个共享的开放空间中，所有设备都应该放在那里（包括手机和笔记本电脑）。这样做可以帮助孩子专注于当前的学习，而不是刚看了一会儿书，就被无休止的信息分散了注意力。

使用计算机学习时，将分散注意力的程序静音或禁用。对于许多像杰达这样的孩子来说，如果在学习时不需要使用网络，那就暂时禁用网络。把手机放在另一个房间里也是一个不错的主意。许多家长跟我们说，当孩子们不再纠结要不要玩电子设备时，他们整个人都放松下来了，尽管他们不愿意承认这一点。

启用家长监管模式。有很多程序可以让家长对孩子上网访问的内容进行管控。必要的限制可以帮助孩子专注于眼前的学习内容，同时确保他所浏览的内容是健康适宜的。大多数程序允许用户远程打开和关闭，所以，如果孩子写作业要查资料，你可以远程控制，允许他顺利访问相关网站。

为孩子做出示范，有节制地使用电子设备。要求孩子有节制地使用电子设备，你要先以身作则。当你不工作时，将自己的电子设备放在共享的电子设备存放空间。我们都知道，说起来容易做起来难，但让自己戒断对电子设备的依赖对所有人都有益。

“五大策略”TAKING THE STRESS OUT OF HOMEWORK
打造理想的学习环境

鼓励你的孩子：

1. 清理杂物。
2. 根据自己的需求决定是否要人帮忙。
3. 一次完成一项任务。
4. 为常用物品设置固定的收纳区。
5. 尽量减少干扰。

“五大策略”TAKING THE STRESS OUT OF HOMEWORK
解决书包和储物柜杂乱的问题

鼓励你的孩子：

1. 使用用具收纳物品。
2. 善用便利贴和其他提醒方式。
3. 周末整理书包和储物柜。
4. 准备一个风琴包，收纳各科材料。
5. 家校合作。

“五大策略” TAKING THE STRESS OUT OF HOMEWORK

电子设备管理

鼓励你的孩子：

1. 先完成作业，再玩电子设备。
2. 设置一个电子设备存放空间，设定界限。
3. 使用计算机学习时，将分散注意力的程序静音或禁用。

你还可以考虑：

4. 启用家长监管模式。
5. 为孩子做出示范，有节制地使用电子设备。

TAKING THE STRESS OUT OF HOMEWORK

第二部分

用对方法，各科学习更轻松

第 4 章

TAKING THE STRESS OUT OF HOMEWORK

数学：

成为灵活、自信的问题解决者

现在的数学和我小时候学的太不一样了，我应该如何帮助孩子？

孩子们普遍畏惧数学。你在提供帮助之前，首先要找到孩子数学学不好的根源：是不是没记住公式？是不是没有掌握位值的原则？是不是阅读能力欠缺导致不会做应用题？

针对孩子在学习中遇到的具体数学问题，我们将提出有针对性的策略，从而帮助他们理解材料，获得更强的“数感”，成为更加灵活、自信的问题解决者。与许多孩子和家长的观点不同，我们认为所有的孩子都能学好数学。没有人天生擅长或不擅长数学，大多数问题也不只有一种正确的解决方法。掌握数学技能主要在于理解、推理，以及把想法关联起来，这些技能在课堂内外都很有用。

许多学校都非常关注学生对数学的深度理解。教师们现在更强调如何在分组、数轴和图表中理解数字，而不是简单地教算法，即通过简单的步骤就能得出答案。例如，他们教授数学运算之间的相互关联性：加法对于乘法的重要性，乘法对于除法的重要性，除法对于分数的重要性，分数对于初级代数的重要性，初级代数对于代数的重要性，代数对于几何的重要性，等等。他们希望学生在学习数学时能关注各种新旧知识之间的联系，而不是孤立地学习一个个知识点，学会某个知识点之后就抛在脑后，接着去学新的知识点。小学阶段，学生们会学习加减乘除、分数和小数，但更重要的是要理解为什么使用某些运算来获得答案。到了初、高中阶段，学生们将学习代数、几何和统计学等。很多教师在教学中并不是将知识点分成不同的单元一个一个来教，而是将它们整合在一起来教。

做数学作业时的问题：频繁出现可避免的小错误

“如果我能心算，为什么还要写出来呢？”汤米总是不停地这样问。阿比教四年级已经很多年了，她发现总有一些学生不愿意将自己的思考过程写在作业本上。对于汤米来说，将解题步骤一步步写下来，让他感到厌烦。

汤米做数学题时总是很匆忙，他在脑子里进行估算、做加法和除法。他的确能做对许多题目，但也有不少题目会出错。汤米觉得把每个问题分解成一系列步骤很麻烦。他的数学考试成绩很不稳定，因为他总是不写解题过程，有时难免出错。他和他的父母为此都感到很受挫。更严重的是，汤米也没有耐心订正错题。

虽然阿比知道汤米心算能力很强，但她仍认为汤米拒绝在作业中写下解题步骤这件事需要尽快解决。于是她故意增加了问题的难度，这样汤米不得不写下中间步骤来得出答案。

“我知道怎么写解题步骤，但如果不写也能得出答案的话，那写解题步骤还有什么意义？”汤米皱着眉头说道，仍然坚持自己的观点。

“我关注的是你解决问题的过程，而不仅仅是答案本身。告诉我你是怎么想的。”阿比对汤米说道。虽然她看出汤米很抗拒，但还是要求他说出思考的过程，同时鼓励他花一分钟把解题的每个步骤写下来。虽然汤米仍然会抱怨，但他开始意识到，避免那些不该出现的小错误，意味着以后可以少做一些订正。

汤米的问题在学校得到了解决。但作为家长，你在家里该如何帮助像汤米这样的孩子呢？

你的孩子是否存在以下问题？

- 很快就做完数学作业，但很多不该出错的地方都出错了。
- 有时很难辨认出自己的笔迹。
- 题目看上去都懂，但答案却是错的。

解决方案：避免简单错误

家长和老师总是倾向于把错误归结为孩子粗心，因为都是一些简单的或可避免的错误。比如，许多认真对待家庭作业的学生偶尔也会把负数写成正数。对于这种情况，该怎么办？

放慢做题速度。像汤米这样的孩子，经常误认为速度快就是能力强。但遗憾的是，比起花时间认真做作业的孩子，那些在做作业时拼速度的孩子总是更容易出错。急急忙忙赶作业会导致很多错误，比如看错了题目要求，计算出错，甚至漏做题目。一些数学老师不允许学生在考试时提前交卷，就是为了避免他们养成做题拼速度的不良习惯。在家里，你可以让孩子使用计时器，设置时长为 15 分钟或 20 分钟，或者任意一个他认为比较合理的时长，并建议他充分利用这段时间认真做题。

写下具体的解题步骤。像汤米这样的孩子，即使他能靠心算得出答案，也要建议他把解题过程写下来，这样能避免他因失误而做错题目。许多老师都会要求学生写下解题步骤，而不只是写下答案。

在老师给步骤分时，学生写下解题步骤也是有益的，这样他们能够及时了解学生的思考过程，而不只是看到错误答案。如果学生写的只是一个错误答案，那就不清楚他们的整个思考过程。如果把详细的步骤写下来，即使答案是错的，但因为大多数步骤都对，他们也能得一定的分数。此外，如果学生一次次地在理解概念和解题时出错，那老师可以通过解题过程找出他们需要帮助的地方。

学生对数学问题的解答应该像一份使用说明书或一张地图，老师能够清楚地知道使用方法或到达目的地的整个过程。学生应该明确给出详细方案，而不仅仅是结果本身，比如火车什么时候出发？他们需要走多远？他们是如何从 A 地到达 C 地的？这才是解答数学问题该有的流程。

书写要整洁，组织信息有条理。有些学生确实存在书写困难，但也有一些学生则是因为匆匆忙忙完成作业导致书写不整洁，如果他们慢下来就会好一些。比如，有的学生把 4 写得很像 9，导致最终解错题。数学作业应尽量用铅笔来写，以方便修改，每一步都尽量完整地写在同一行，以避免数字折行，不然很容易引起误读。

另外，如果汤米在作业本上随意书写，而不是一行一行清清楚楚地写，那么等他出错时就难以知道问题出在哪里。例如，汤米在做减法时如果没对齐数字，那么数值就会改变，答案就错了。

使用方格纸。像汤米这样的孩子，很难做到让作业看起来干净整洁，也有一些孩子由于手脑不能同步运作而产生视觉运动整合障碍，对他们而言，用方格纸来做数学作业效果会更好，这样可以确保计算有序，数字排列正确。而白纸上没有视觉结构，对他们来说很有挑战性。提前养成用方格纸的习惯还有一个好处，那就是在未来需要在坐标平面上画图时更容易上手，所以说方格纸必不可少。

认真检查作业。检查作业是孩子自己的责任。如果他向你求助，或者你发现他的作业中有错误，不要立即告诉他哪里错了，而要问他能否自己检查出一两个错误（或三个，甚至是四五个），然后让他自己去订正。养成自己检查错误并进行订正的能力同样非常重要。

如果孩子不知道哪里做错了，你可以让他说一下自己做题的过程，很可能他很快会说“原来错在这儿了”，然后意识到自己不应该那样做。有些错误很容易纠正，就像忘记写“单位”一样，这样的错误在考试中可能会被扣分。

在每道题做完之前，孩子都应该思考：

- 我的答案正确吗？
- 为什么正确，又或者为什么不正确？
- 我能再次确认答案是正确的吗？

做数学作业时的问题：记不住数学知识和心算存在困难

汤米记数学知识非常快，但总是不愿意写解题步骤；而阿比教的另一个六年级的学生迭戈，却很难记住基本的数学知识。迭戈上中学时，应该可以快速地算出 100 以内的大部分加减乘除的答案。但在学习指数的时候，他还是记不住 7 的乘法口诀，虽然他可以正确地简化 $7^4 \div 7^2 = 7^2$，却记不起 7^2 是多少。

你的孩子是否存在以下问题？

- 很难记住基本的数学知识，或今天学了明天就忘。
- 可以理解基本的数学知识，但要很久才能回想起来。
- 心算存在困难。

解决方案：提高记忆数学知识的能力和心算能力

对于下面阿比辅导迭戈时采用的策略，如果能在家里进行强化，效果会更好。

将数学知识写下来。将要识记的内容写下来是最佳的记忆方法。像迭戈这样的学生应该制作一些知识卡片，记录那些还没记住的知识点。他应该用传统的方式制作卡片，把问题写在一面，答案写在另一面，然后把卡片放在一个可以随时拿取的地方。比如在做完历史作业、准备看电视节目的这段时间，迭戈可以轻松地复习卡片上的知识。

重复、重复、重复。为了让知识成为记忆，孩子应该在一周内花上几天时间来复习。复习的频率很关键：比起时间短但频率高的练习方式，用时间长但频率低的方式内化学习，效果更好。对于要求更高的任务，可以让孩子把任务分成几个部分，在不同的时间里学习。另外，了解基本的数学知识对准确而有效地解决更高层次的数学问题至关重要。

使用逆推法。对孩子来说，减法和分数往往比加法和乘法更难理解和记忆。家长可以鼓励孩子反过来运算或使用逆推法，以解决问题并检验答案。例如，迭戈不用直接想“21 除以 3 等于几”，而是想“几乘以 3 等于 21”。又比如，计算 28 减 19 时，想想“19 加几等于 28”。他还可以使用凑整数的方法：从 19 到 20 差 1，从 20 到 28 差 8，所以 28 减 19 等于 9。

利用已知学习新知。一些像迭戈这样的学生在计算 132 除以

12 这样的除法时，会专注于死记硬背一个知识点，而不是弄清楚如何运用已有的知识来得出正确的答案。迭戈可以考虑使用逆推法来想一想：哪个数字乘以 12 等于 132？如果有难度，他可以利用自己已有的知识，比如他知道 12 乘以 10 是多少，如果 12 乘以 10 等于 120，那么 12 乘以 11 一定等于 132。

使用“有意义的”数字。换句话说，使用“友好的”数字，或者使用与等式中的数字相近的数字。

例如，不用直接计算 34 减 19 等于多少，而是想：34 减 20 等于多少？答案是 14，这样算起来更简单。但我只“拿走”了 19，而不是 20，所以再在这个差的基础上加 1，就等于 15。

还有另一种方法。

想想看，19 加 1 等于 20，再加 14 就等于 34。1 加 14 等于 15，所以 34 减 19 就是 15。

做数学作业时的问题：“我不会做”心理

迭戈面临的挑战还不只是基本的数学知识问题。每次当他坐下来做数学作业时，刚看完第一道题，甚至还没动笔写一个字，他就立即向妈妈求助。

“我不会！”他大声说道，“这道题我根本做不出来。”我们经常听到孩子这样抱怨。接下来，我们会介绍一些方法帮助孩子跨过那道他们始终无法逾越的“坎儿”。

你的孩子是否存在以下问题？

- 在审题前、审题时、审题后，一直在说“我不会”。
- 总是笼统地抱怨不理解题目的含义。

解决方案：克服“我不会做”的心理障碍

你可以使用以下策略来帮助孩子，让他们获得自信，从而换一种方式看待数学作业。

积极寻求老师的帮助。当孩子对题目感到困惑时，他表达自我需求的能力决定其行动方案。许多孩子害怕寻求额外的帮助，然而知道如何以及何时请教老师，会让他更有可能自己去寻求帮助。

最好的行动方案是什么？是立刻发邮件求助，课前或课后跟老师交流，还是在家庭作业本上给老师留言？不同的学校和老师有不同的偏好。当孩子确切地知道如何表达自我需求时，他更有可能独立跟随老师学习。

建立信心。像迭戈这样的孩子，需要让他相信自己是可以做到的。如果他感到沮丧，认为题目太难，那么他解题就会变得更加困难。提醒孩子他曾有过成功的经历：那次，他认为家庭作业（或某项任务）根本不可能完成，但最终还是完成了。鼓励他使用积极的语言，这样更有可能带来积极的结果。例如，“我还没做出来”比“我不会做”或“我不擅长数学”这样的说法要积极很多。这种方法能帮助孩子将挫折视为暂时的障碍，而不是永久的绊脚石。

具体说出题目中哪里不懂。问问孩子，题目中的哪一部分是他不理解的。这个策略有助于确定他在解题中遇到的困难究竟是什么。当像迭戈这样的孩子明确说出他不懂的地方时，你就可以找到最有效的方法帮他解决问题，而且他也会感到题目不那么复杂了。如果他不确定自己哪里不懂，就要让他重新读一读题，说说自己哪里不懂。

对孩子来说，及时在家庭作业上给老师留言，或给老师发邮件说明遇到的问题和不懂的地方，这些也是不错的方法。

复述问题。当孩子在解题遇到困难时，你可以鼓励他试着用自己的话来描述问题。想正确回答问题，他要先理解题目要求是什么，然后弄清楚题目中的哪些已知信息可以帮助他解决问题。

将思维可视化，把问题用图表形式呈现出来。建议孩子把题目画出来，将相关数字和信息标在图上。这样能帮助他清楚地“看到”题目的含义。当涉及几何图形时，他最好每次解题都画图。

例如，如果迭戈要计算某个立体图形的体积和表面积，他应该快速画出这个图形，并标记出它的各个面。他还可以标上数字和单位，比如厘米或米。

适当使用技术手段。知道哪些工具可以用来解决哪种类型的问题，同样有指导意义。

计算机和图形计算器是非常好用的工具，前提是，老师允许孩子使用。例如，当孩子学习统计学和天文学时，可以使用计算机和图形计算器上的电子表格和绘图功能，很方便。但对于像迭戈这样的孩子来说，技术和工具也会带来新的问题，他们会过于依赖技术解决问题。他们在四、五年级时掌握了一些基本的数学知识，之后就开始借助“设备”完成更复杂的任务：从铅笔和稿纸到简易计算器，后来就升级为计算机和图形计算器。如果孩子能正确使用这些工具，它们会是很好的帮手。然而，如果他们过于依赖工具和技术，则会产生一种并不真实的信心。

如果孩子不确定哪些工具可以解决哪类数学问题，可以咨询他的数学老师，也许会得到一些不错的建议。

做数学作业时的问题：不会做应用题

很多学生都觉得应用题很难，对那些在语言理解方面有困难的学生而言更是如此。学生首先需要以他们能理解的方式读懂题意，搞清楚要解决的问题。然后，他们才能用可视化的方式或算术表达式来呈现题目中的信息。就像翻译外语需要转换语言一样，做应用题时要将词句转换为图、表、一系列运算或方程式。

你的孩子是否存在以下问题？

- 不理解应用题中的问题是什么意思。
- 抱怨应用题太难。
- 不理解应用题中的文字表述。

解决方案：战胜数学应用题

许多孩子都不喜欢做应用题。前文提到的阿比和布里安都有这样的经历：看到数学考试中的应用题文字，瞬间会觉得毛骨悚然。其实完全没必要被这些文字吓倒。应对这类题目很简单，只需要多做一步，就是将文字转化成数字。

读两遍题目。无论是否在阅读理解方面有困难，许多孩子做应用题时总会觉得压抑，仿佛看到一堆文字在页面上游来游去，毫无头绪。这时，重读题目可以帮助他们更好地理解文字背后的意义。

解释题目要求。最重要的一点就是先弄懂题意，然后，用自己的话把题意表达出来。这样，孩子就可以全面地理解题目中的所有信息。他可以把题目念给自己听，也可以大声读出来。在孩子大声读题的时候，你应该提醒他放慢速度，这样可以避免忽略一些关键信息。

将文字转换为数字和算式。以迭戈为例，假如他正在解答以下这道题：

> 午餐时大家一起吃比萨，莎伦的父亲吃了$\frac{1}{2}$，莎伦吃了$\frac{1}{8}$，她的姐姐吃了$\frac{1}{4}$，还剩多少比萨？

把这段话翻译成“数学语言”就是：莎伦的父亲吃过后剩的$\frac{1}{2}$减去莎伦吃掉的$\frac{1}{8}$，再减去她的姐姐吃掉的$\frac{1}{4}$，等于多少？

做这道题时，首先要知道分数减法运算需要同分母：

$$\frac{1}{2}=\frac{4}{8}$$

$$\frac{1}{8}=\frac{1}{8}$$

$$\frac{1}{4}=\frac{2}{8}$$

所以，最后比萨还剩：

$$\frac{4}{8}-\frac{1}{8}-\frac{2}{8}=\frac{1}{8}$$

整理信息，做好标注。应用题中有时会有一些干扰信息。重读题目时，要在重要的信息下面画线，并划掉不相关的信息。

假如迭戈在做以下这道题：

洛根和 3 个朋友去了一家比萨店。他们花 13.10 美元点了一个大号的蘑菇比萨，又花 4.65 美元点了一份田园沙拉，还买了 2 瓶苏打水，每瓶售价 0.55 美元。此外，税率占总账单的 4.25%。他们一共付了 25 美元，应该找回多少钱？

洛根和多少朋友共进午餐并不重要，所以迭戈应该划掉可能会分散注意力的信息。接下来，他就可以着手利用相关信息来解题了。

另外，用可视化的方式将题目中的信息整理出来，这一点很关键。解应用题通常会有多个步骤，将每一个步骤都标注清楚很有必要。将“已知”或“现有”的信息提炼出来并写在作业纸上，这样做可以减轻大脑的压力，尤其是对于那些有学习困难的学生。看到题目中的“13.10 美元”时，迭戈需要思考它代表什么。读题时，他可以在作业纸上写下“1 个比萨的价格 =13.10 美元”，这样就有更多精力处理其他信息了。为了避免被文字困住，迭戈应该对题目中的信息进行标注说明。

洛根和朋友的钱：

25 美元

税前消费总额：

13.10+4.65+（2 × 0.55）=18.85（美元）

税率：

4.25%=0.0425

加上税费的总支出：

$$18.85+(18.85\times 0.0425)\approx 19.65\text{（美元）}$$

应找回的钱：

$$25-19.65=5.35\text{（美元）}$$

在作业本上从上到下线性地排列好信息，会让人一目了然，通过这样的方式可以将整个思考过程展示出来。

识别题目中的关键词，但不过分关注。关键词可以帮助孩子将相关数字和运算方式关联起来。不过，他们不应该完全依赖关键词来理解题意。过于死板的方式会阻碍他们灵活思考。下面列出了一些有用的关键词（见表 4-1）。

表 4-1 常见数学关键词举例

加法	减法	乘法	除法
加 全部 和 都 加在一起 一共 增加 多 总数 总和	找零 减少 减去 / 扣除 更少 / 更多 多少 给予 / 拿走 剩下 少于 减 差	面积 一群 增长 总数 乘 积	每 每等份 平均分 剩余 商

做数学作业时的问题：复杂的多则运算题

和许多学生一样，做更复杂的问题时，迭戈很难综合运用自己学到的知识。他会做分数的乘除法，也理解指数幂的基本知识，但需要综合运用这些知识的时候，他就会无从下手。有类似问题的孩子可能会从下面的建议中找到方法。

你的孩子是否存在以下问题?

- 处理多步骤的问题时，会无从下手。
- 总是忘记应该先做哪一种运算，也记不住运算规则。
- 面对复杂的题目毫无头绪。

解决方案：解决多则运算题

和做应用题一样，做多则运算题时，除了最自信的数学家，多数人都会感到焦虑和不安，何况孩子。下面的方法可能对你有所帮助。

反复读题，重点关注已知信息和还需要知道的信息。要想很好地理解题目中的所有信息，反复读题会很有帮助。第一次读题时要抓题目的主要含义，然后放慢速度再读一遍，确定已知信息以及还需要知道的信息。

列步骤清单。即使孩子知道如何解题，他仍然可能会忘记最后一步。你可以建议他列一个关键步骤清单，这样可以确保他完成所有的步骤。如果他正在做的题涉及运算顺序，可以让他做一个可视化的步骤顺序清单，也可以使用记忆符号，如 PEMDAS（“Please excuse my dear aunt Sally”的首字母缩写，意思是“请原谅我亲爱的莎莉阿姨”）：

Parenthesis（圆括号）

Exponent（指数幂）

Multiplication（乘法）

Division（除法）

Addition（加法）

Subtraction（减法）

假如要计算一个长为 5.2 英尺[①]、宽为 7.5 英尺的矩形的面积，可以这样写：

公式：长 × 宽

代入：5.2 英尺 ×7.5 英尺

计算：5.2×7.5=39

答案：39 平方英尺

① 1 英尺≈0.3 米，此处为便于计算，保留原数字单位。——编者注

验算：39÷5.2=7.5

这种做法可以帮助孩子组织和回忆解题所需的步骤。

做数学作业时的问题：数学考试的压力

很多问题只有等到考试时才会出现。考试时，孩子们需要在没有老师或家长帮助的情况下独立解题，有时他们会被那些自以为已经掌握了的知识难住。

数学考试内容是渐进累积的，需要学生在学过的知识基础上整合新的知识。你可以每周检查几次孩子的家庭作业，看看他们对每个单元知识的掌握情况如何。这样，你就不会在考试前一天晚上才知道他们不会做分数乘法了。

你的孩子是否存在以下问题？

- 不知道如何备考。
- 面对数学考试总是压力很大。
- 直到考试前一天晚上才说“一点儿也不会”。

解决方案：做好考前准备

如果孩子不主动利用学习资料来复习，那么数学考试成绩自然不会理想。有些孩子简单地翻看课堂笔记就认为自己都准备好了。想要考出好成绩，具备有效的备考技巧很关键。

把题再做一遍。有些老师会在考试前几天布置一些练习题，也有些老师会让学生结合单元卷或课堂笔记来复习。记住，一定要让孩子动笔把题目重新做一遍，而不只是看看之前做过的题目。为了更加有效地学习，最好让孩子把课堂上、家庭作业本上或书中的例题拿出来再做一遍。

让孩子教你做题。判断孩子是否掌握了学习内容，最好的方法是让他来教你。他在讲解每一个步骤时，你会知道哪些地方他还没弄明白，哪些他已经完全掌握了。

为了帮助孩子充分思考他的答案，你可以向他提出以下几个问题：

- 能告诉我你的想法吗？
- 你是怎么知道的？
- 你为什么这样做？

做数学作业时的问题：视觉冲击带来的压力

迭戈不仅在做复杂的数学题时会感到吃力，当他面对一张需要近一小时才能完成的数学试卷时，也会顿感压力。

你的孩子是否存在以下问题？

- 似乎不知道要解决什么问题。
- 总抱怨作业太多。
- 难以集中精力完成手头的作业。

解决方案：减少视觉压力

控制作业量，向孩子提一些有引导性的问题，这样可以帮助他们专注于手头的任务。

遮住当前不需要做的题目。为了让孩子更加专注于手头正在解答的题目，而不被卷子上的其他题目干扰，你可以让他用黑色的美术纸遮住后面的题目。如果他只看当前在做的那道题，就不会因为后面还有 50 道题而感到焦虑了。

通过提问来指导孩子做题。如果孩子一开始就不知道怎么解题，你可以让他把能读懂的那部分信息和你交流一下，这样你就能帮助他整理出解决问题所需的信息，从而得出答案。

以下几个问题可以帮助孩子战胜最初的困难：

- 你能用自己的话来说说这道题目的要求是什么吗？
- 哪些信息可以帮助你解决这个问题？
- 画出示意图或表格，是不是更容易理解？
- 以前有没有做过类似的题目？
- 老师在讲解例题时有没有给一些讲义或在线资源？
- 你觉得应该用哪种解法？为什么？

如果孩子在解题的过程中遇到麻烦，以下几个问题可以推动他进一步思考：

- 你能解释一下你是怎么开始解决这个问题的吗？
- 接下来你会怎么做？
- 有没有其他方法可以用到已知信息？
- 你最终要解决什么问题？

当孩子做完一道题时，以下几个问题可以帮助他们检查：

- 你的答案符合逻辑吗？
- 你能解释一下为什么这么做吗？
- 有没有办法确认你的答案是正确的？

辅导数学作业时的注意事项

不要对孩子说你讨厌数学，或者你曾经很讨厌数学，也不要说你数学很差。你要强调你知道虽然题目有难度，但重点在于要努力解决它，也就是把重点放在解题的过程上。如果孩子听到你对学习数学的负面言论，他极有可能对数学以及对他作为一名数学学习者产生负面看法。

不要超前学习，也不要教孩子小窍门。为了提高孩子的数学水平，刻意教他一些简便的方法或还没有学到的运算法则，只会影响他在课堂上反复训练的数学基本功。这些捷径不但不会通向成功，反而会阻碍孩子深入思考、灵活解题。

在孩子还没有理解的情况下，不要马上指出他们的错误。你永远不应该帮孩子改家庭作业。不管他的答案是否准确，你都不要马上告诉他是对是错。相反，为了培养更深层次的数学思维，你要问他，他觉得他的回答是否正确、理由是什么。向孩子提问会引导他朝着正确的方向前进，也会让他对自己的进步和获得的成绩产生责任感。

不要认为你过去学习的方法与现在不同就不能帮助孩子。你小时候学习数学，老师教授的方法可能与你的孩子现在学的方法大相径庭，你甚至不明白孩子所说的一些概念是什么意思。但这并不意味着你帮不到他。事实上，让孩子向你解释解题过程就是帮他厘清题目中困惑点的最佳方法。

孩子不懂时，不要流露出任何沮丧或愤怒的情绪。有些父母在辅导孩子作业时很容易变得愤怒。如果孩子很难理解复杂的公式，来自父母的压力只会加重他们的心理负担。保持冷静并给予支持，让孩子建立积极应对挑战的心态至关重要，至少能帮他避免消极感受。接下来你要做的是与孩子的数学老师沟通，寻求他的帮助。

“五大策略” TAKING THE STRESS OUT OF HOMEWORK

避免简单错误

鼓励你的孩子：

1. 放慢做题速度。
2. 写下具体的解题步骤。
3. 书写要整洁，组织信息有条理。
4. 使用方格纸。
5. 认真检查作业。

“五大策略” TAKING THE STRESS OUT OF HOMEWORK

提高记忆数学知识的能力和心算能力

鼓励你的孩子：

1. 将数学知识写下来。
2. 重复、重复、重复。
3. 使用逆推法。
4. 利用已知学习新知。
5. 使用“有意义的”数字。

“五大策略” TAKING THE STRESS OUT OF HOMEWORK

克服“我不会做”的心理障碍

鼓励你的孩子：

1. 积极寻求老师的帮助。
2. 具体说出题目中哪里不懂。
3. 复述问题。
4. 将思维可视化，把问题用图表形式呈现出来。
5. 适当使用技术手段。

“五大策略” TAKING THE STRESS OUT OF HOMEWORK
战胜数学应用题

鼓励你的孩子：

1. 读两遍题目。
2. 解释题目要求。
3. 将文字转换为数字和算式。
4. 整理信息，做好标注。
5. 识别题目中的关键词，但不过分关注。

“五大策略” TAKING THE STRESS OUT OF HOMEWORK
解决多则运算题和做好考前准备

鼓励你的孩子：

1. 反复读题，重点关注已知信息和还需要知道的信息。
2. 列步骤清单。
3. 认真复习学习资料。
4. 把题再做一遍。
5. 让孩子教你做题。

第5章

TAKING THE STRESS OUT OF HOMEWORK

阅读：

爱上阅读，走入文本

家长总是把让孩子学会阅读放在学习的首位。实际上，随着年龄的增长，孩子的学习目标会从识字转移到理解上。他们不再是学习阅读，而是通过阅读来学习。在绝大多数学校里，学生到了四年级就能流畅地识字，此时的重点是在字面和推理层面理解文本——既能理解文章的字面意思，同时也能在理解的基础上得出结论。

到了中学阶段，文本变得越来越难，阅读过程变得更加费力。这个阶段，解决孩子在数学上面临的挑战，方法会更直接，也更容易精确找出问题所在，然而对于孩子的阅读，我们的任务则更加艰巨。

有些孩子对阅读缺乏兴趣，做阅读作业时漫不经心，在阅读材料中做标注时几乎把每个词都画上线，还有些孩子似乎对自己所阅读的内容不理解。针对这些情况，我们都有一些具体的、可操作的策略。无论挑战是什么，最终的目标都是让学生爱上阅读、享受文本。

阅读学习的目标

美国国家课程标准提出，英语语言文学共同核心课程的基准测试不仅要注重学生的理解能力，更要注重学生对文本的推理（体会言外之意）和分析能力。这意味着学生在阅读中不仅要理解文本中讲的是什么事，还要弄清楚事件发生的缘由以及事件中各个人物的反应。

换句话说，学生需要运用更高层次的推理技能进行推论。

小学生的阅读包括虚构类作品和非虚构类作品两类。非虚构类作品包括科学类（如雨是如何形成的）、历史类（如金字塔建造的原因）和艺术类（如彩色玻璃的介绍）作品。即使是低年级的小学生，他们的写作也总是缺乏创造性，更多的是论述型写作。一般来说，他们往往不太会关注故事中的事实性内容（“什么”“谁”“哪里”），而更多地集中在逻辑和意图上（“你为什么认为……”）。到了初高中，学生们对小说的阅读往往会减少，而要阅读和分析一些更复杂的文本，比如社会科学（如心理学原理）、历史（如第二次世界大战）

和评论型文章。

下文中给出的建议适用于所有学生。

阅读时存在的问题：不爱阅读

有一年夏天，布里安和家人以及朋友一家去度假，他们一起住了一个星期，同行人中包括布里安朋友的儿子卢卡斯，一个 12 岁男孩。

卢卡斯是个非常可爱的孩子，他喜欢数学。但每天早餐后，每当他拿起一本老师要求暑假阅读的书时，他就会发出“阿嚏”的声音。一开始，大家都认为卢卡斯对出租屋里的灰尘过敏，但紧接着他又发出“阿嚏”“哇”“呜呜”的声音，甚至还发出“咯咯”的声音。

大家出于礼貌都没说什么，布里安本来也不想干预，但在第三天早餐后，布里安的朋友请他帮忙解决这个问题。“怎么了，卢卡斯？”布里安问道。“我不知道，”卢卡斯带着刚刚进入青春期阶段的孩子特有的尴尬和愤怒的表情说，“我试着阅读，但书上的字仿佛在纸上游来游去。我无法集中精力，也理解不了书中的内容。我是说，我理解单个句子的意思，但读完几页后，我发现自己什么都没记住。”

接下来，我们向你介绍布里安教给卢卡斯的方法，这些方法让卢卡斯在阅读时获得了更大的成就感，同时少了很多抱怨。

你的孩子是否存在以下问题？

- 一开始就不情愿阅读。
- 把书读完有困难，很久才能读完一本书。
- 当你问他是否读完了某本书的时候，他会发牢骚。
- 坚持认为自己不会读书。

解决方案：改变不爱阅读的孩子

如果你的孩子不喜欢阅读，很可能是因为他认为自己不善于阅读。大多数人都会避免去挑战那些高要求的任务或自认为做不好的事。因此，作为父母，你能做的最重要的事情是，给孩子一个机会，让他向自己（而不是你）证明他有能力阅读，从而帮助他建立信心。只有当孩子对自己的能力有信心时，他才会拿起一本书，“走入”文本。最重要的是，只有这样，他才能享受到阅读的乐趣。

谁都不可能在一夜之间、一周内或一个月内成为一个“优秀”的阅读者。掌握阅读技能需要多年的练习。无论你的孩子是在学习阅读还是通过阅读来学习，请记住以下 5 个关键要素：顺利开始阅读、讨论文本、每天坚持阅读、分解阅读任务、建立自信。

为进入阅读铺平道路。要让孩子轻松地开始阅读。我们都知道，飞机在起飞前需要滑行一段距离。同理，孩子们打开书开始阅读也需要动力。首先，为他们选择他们感兴趣的文本。说起来容易做起来难，但当孩子可以自主选择时，最好推荐那些与他们喜欢的主题有关的书籍，或和他们想了解的主题相关的书籍。因为他们难免要阅读一些自己不太感兴趣的书籍，所以在可选择的情况下，尽可能给他们提供机会，让他们感受阅读的乐趣。例如，如果卢卡斯喜欢踢足球，他可能不仅想要阅读一本关于世界杯历史的书，还想要阅读一本虚构类小说，如一个关于一对兄妹穿越时空观看人类第一场足球比赛的故事。

尽量不要介意孩子阅读的题材。孩子要发展的最重要的技能是热爱阅读、乐于阅读，如果你的孩子喜欢关于未来世界中机器人战斗的内容，那就让他随意阅读。你也可以建议他在阅读科幻小说的同时，穿插着阅读不同类型的书籍，但不要阻止他阅读自己喜欢的书籍。

把阅读内容和孩子感兴趣的点结合起来。以卢卡斯为例，他在学校读的大多数书籍都是老师指定的，他很可能对封建制度的内容不感兴趣，但也许对公平的概念感兴趣。他的父母可以把阅读材料与一个可能让他感兴趣的概念联系起来，并让他思考，比如：封臣向领主效忠，保护领主的土地，从而换取自己赖以生存的土地，这是否公平？为什么？或者也可以让卢卡斯假设自己回到了那个时代：他愿意成为一个领主还是一个封臣？为什么？

和孩子一起开启阅读之旅。对卢卡斯来说，有时开启阅读是最难的部分，尤其是在面对暑期阅读任务时，还没翻开书他就开始厌倦了。如果孩子对坐下来打开厚厚的一本书感到畏惧，你可以和他一起阅读，帮助他克服最初的障碍。让他决定是他读给你听，还是你们一起读，或者你们轮流朗读给对方听。有些孩子容易接受这样的方式，而有些孩子可能不希望你参与其中，所以要根据孩子的实际情况来安排。关键是，你要尽可能地支持孩子，找到策略来帮助他克服阻碍阅读的思想障碍。

积极讨论。你要帮助孩子对所读内容进行深入思考。你应该经常问孩子一些问题，比如询问他故事中发生了什么事，或者某个特定的角色可能在想什么。寻找这些线索的过程可以让孩子与文本进行更深入的联结。毫无疑问，学校里一定有让他觉得很难的文本，所以可以从练习以下 3 个关键策略开始，也可以通过线索与文本互动。

› **将文本与生活关联：**鼓励孩子找到自己和书中人物之间的相似之处与不同之处，以及让他产生共鸣的人物经历。如果故事中的角色与现实相去甚远，很难产生关联，那么你可以问孩子：如果他是其中的某个角色，他会怎么做？为什么？这样做会对故事的结局或其他角色产生哪些影响?

› **将文本与其他书籍关联:** 问问孩子,他读的文章是否让他想起了他之前读过的相同(或其他)类型的书籍。你可以提出以下这些问题,帮助他加深和拓宽对文本的分析与理解。

- 哪些地方相似?
- 这本书有何不同?
- 有没有相同的主题或情节?
- 作者的描述是否更吸引人?为什么?

› **将文本与过去或当前事件关联:** 帮助孩子在一个更大的背景中思考文本中的角色。换句话说,他认为作者想要表达的中心思想是什么?故事中发生的事件是否让他想起了历史上其他时期或当下的某些事件?

这些深入文本的方法对孩子来说都很重要,但你需要知道哪种方法对你的孩子最有效。有些孩子更愿意讨论文本。如果你认为你们之间的对话不会让孩子嗤之以鼻或产生挫败感,那你们的讨论可能会帮助孩子深入理解文本。

坚持每天阅读。练习并不总会带来理想的结果,但肯定会有帮助。像卢卡斯这样不爱阅读的孩子应该坚持每天阅读,或隔一天阅读一次，因为坚持是提高阅读流畅性和理解能力不可或缺的一种方式。在卢卡斯没有安排特定课程的晚上，他应该选一本自己喜欢的书阅读。最理想的状态是阅读半小时或更长时间。如果达不到，即使阅读 15 分钟也没问题，但一定要确保让阅读成为日常生活的一部分。

分解阅读任务。如果你的孩子需要完成的阅读任务比较复杂，他们可能会不知所措。想象一下，你要攀登珠穆朗玛峰，但不知道营地在哪里，也不知道该如何到达山顶，你一定也会茫然失措。因此，你要先制订行动计划。阅读任务也是如此，尤其是暑期阅读。

首先，孩子应该明确一天中何时可以阅读，例如是晚饭后还是洗澡前。接下来，他应该根据阅读内容而不是文本长短来分解阅读任务。不喜欢阅读的孩子往往会关注他每天要读多少页才能完成阅读任务。这样做的话，阅读就会变得更加乏味和痛苦，成了一件被迫完成的事而不是令人享受的事。因此，可能的话，不要让孩子用阅读多少页的方式来分解阅读任务。

理想情况下，每天的阅读目标应该是读完一两个章节。假如卢卡斯有一项令他感到畏惧、需要花较多时间才能完成的阅读任务，理想的安排是周一阅读第一章，周二阅读第二章，以此类推，直到周末。无论卢卡斯认为哪种安排最好，他都应该把阅读计划写在作业计划表或日历上。这有助于他完成整本书的阅读。

赞赏孩子的努力，帮助他们保持积极的态度。你可以对孩子说他的见解很深刻，但别忘了同时要提及他的努力。如果卢卡斯的妈妈只是说“你很会阅读”，卢卡斯肯定不认同，因为他不相信这是真的。“是吗？”他可能会想，“我读得这么痛苦，还能算会阅读吗？”

不喜欢阅读的孩子总认为自己欠缺阅读方面的能力。这种消极的自我暗示加重了他们对阅读的厌恶。我们的经验是，当孩子不再简单地用“好”“坏”来评价自己能力的时候，他们会表现得更好。正是在面对充满挑战的任务时，卢卡斯发展出了自己的学习策略，这也是他学得最好的时候。了解自己成长潜力的学生能更好地应对挑战，并坚信自己的能力。如果他们敬仰的人称赞的是他们的想法和学习精神，而不是他们“擅长”阅读这件事，他们更有可能接受挑战，拿起一本书并坚持读完它。

强调提问是阅读过程中必要的组成部分。积极阅读的人自然而然就会通过梳理信息，包括情节、人物和背景与文本互动。如果你的孩子在阅读时停下来不读了，那就让他指出文本中令他感到困惑的具体部分，然后向他示范面对不熟悉的话题你是如何提问的，通过这样的方式可以让他明白提问在学习过程中的重要意义。

保持放松状态。做到这一点很不容易。既要重视阅读，又要保持放松的心态，平衡这两点确实不简单，但孩子们都很有洞察力。有时，我们刻意避免小题大做，结果反倒越弄越离谱。相反，我们越是不断地强迫孩子阅读，他们就越有可能逃避阅读。而如果我们不强调阅读的话，他们的阅读能力又怎么提高呢？保持平衡的关键是巧妙地运用幽默技能，并待到孩子愿意接受帮助时再提供帮助。如果他抗拒和你一起阅读，也许你和他可以挑选一本有趣的暑期读物，各自分开阅读，然后再看看相关的电影，分享双方的心得。换句话说，我们要接受孩子在阅读上的障碍，尽可能保持放松，不要逼得太紧。

阅读时存在的问题：只阅读图像小说，不读复杂的文本

卢卡斯喜欢阅读图像小说，不愿阅读那些文字多过图片的书籍。这种情况我们经常碰到。当理解能力和识字能力尚且稚嫩时，对于像卢卡斯这样的孩子而言，图像小说是更好的文本选择。

和其他许多孩子一样，卢卡斯被图像小说吸引，因为它们有一种漫画的感觉，读起来有趣又轻松。文字量大的书籍让卢卡斯感到害怕，图像小说则不会。因此，我们面临的挑战是，如何让更传统、以文本为主导的书籍同样具有吸引力？

你的孩子是否存在以下问题？

- 喜欢阅读，但是只看以图像为主要叙事方式的书。

- 无法想象阅读纯文字书会带来愉悦感。

解决方案：从阅读图像小说向外延伸

我们发现，对于许多无法阅读长篇文本的学生而言，图像小说是阅读叙事故事的一个令人愉快且压力较小的入口。我们的目标是找到一种方法，将图像小说的吸引力作为切入点，最终回归到传统文本的阅读中来。

让孩子产生阅读的兴趣。虽然图像小说也可能是优秀的文学作品，但这种规模并不宏大的作品形式往往会阻碍孩子进行更复杂的探索。所以，阅读更多的传统文本很重要，尤其是，他们必须习惯在学校阅读文字量很大的文本。

在这种情况下，我们给那些在开始阅读和坚持阅读方面存在困难的孩子的建议是，找到自己感兴趣的内容。为了让孩子感受到传统小说或非虚构作品的吸引力，带着孩子去书店，或者你们一起在网上找一本吸引他们的书。给他们动力会让他们对这类读物更有兴趣。

阅读图像小说的一个好处是，它可以帮助孩子了解自己在题材、主题和风格方面的偏好。如果一个孩子喜欢阅读有关神秘故事的图像小说，他就更有可能阅读纯文本类的神秘故事。喜剧、历史小说、爱情小说和幻想小说同样如此。

不要禁止孩子读图像小说。在孩子读过几部图像小说之后，鼓励他再读一部传统文学作品。传统文学作品可能是一部短篇小说，也可能是一部非虚构类作品，如历史类书籍或图文并茂的科学书籍，任何能帮助孩子过渡到系统文本的书都可以读。

阅读时存在的问题：难以关注阅读的内容

卢卡斯将文字描述为“在纸上游来游去”，这是很多中小学生在考试中都有过的经历。很多人都有过类似的感觉：翻过一页，刚读到的细节已经全忘记了。

你的孩子是否存在以下问题？

- 在阅读的时候目光呆滞。
- 多次站起来，难以保持专注。
- 阅读时对内容没有任何思考。

解决方案：帮助孩子在阅读时保持专注

卢卡斯总在阅读时走神，原因有很多。可能他不明白章节的主要内容；可能他理解内容，只是觉得很无聊；也可能他的脑子里想着午餐时朋友给他讲的笑话。无论原因是什么，在阅读时保持专注对许多孩子来说都是一个挑战。

和孩子轮流朗读。孩子们对亲子共读的偏好不同，五年级的孩子通常比八年级的孩子更愿意与父母共读。这是一个很好的方法，可以帮助孩子集中注意力。你也可以通过共读了解孩子对文本的理解程度，你要做的只是花时间和他在一起。

读完几页就停下来，也可以在你认为合适的时候停下来，然后讨论那些重要的、令人困惑的地方或引人思考的段落，通过这样的方式与孩子交流能帮助孩子建立积极阅读的模式。阅读能力强的人会全神贯注地阅读文本，在阅读过程中甚至没有注意到自己在做什么。通过这样的讨论式阅读，你在阅读中能想到的问题，孩子也能渐渐想到，并发展成一件自然而然的事。

实践、实践、实践。正如我们所提到的，坚持阅读是成功的关键，无论孩子的问题是不愿意阅读还是无法专注阅读。读得越多，他们就越觉得舒服，也更有可能深入理解某一类文本。

培养孩子的阅读耐力。就像举重运动员会定期增加训练量一样，读者也需要增强“肌肉”和“耐力”。我们用过的比较成功的一种方法是，从小的阅读目标开始，逐步建立长远阅读目标。阅读的许多方面都需要建立常规。把阅读的页数作为目标可能很痛苦，也会减少阅读带来的乐趣。我们建议跟孩子约定阅读时间，这个时间每周会延长一些。例如，你可以建议孩子第一周每天阅读 15 分钟，第二周每天阅读 20 分钟，以此类推。理想情况下，如果时间允许，最好每天晚上阅读半小时或更长时间。一些孩子会选择在自己的桌子上放计时器，然后在房间里找一个远离计时器的舒适位置阅读。另一些孩子则需要家长帮忙记录阅读时间。我们发现，设定阅读时间往往能帮助孩子更专注于阅读本身，而不是关注读了多少页。虽然用量化指标来衡量阅读不是最佳方案，但这样做至少能让不爱阅读的孩子进入故事中。留出足够的阅读时间，且保证时间是可控的，即使时间到了，孩子仍然想继续阅读也没问题。

鼓励孩子在文本中做简单的批注。批注或在页面空白处做简要的笔记，是帮助孩子专注于阅读的一种有效方法。卢卡斯应该使用问号、感叹号、简要的概括和总结来展示他是如何深入文本进行阅读的。更多关于如何帮助学生做批注的介绍可见后文。

让阅读过程变得有趣。当阅读是一个令人愉快的过程时，孩子们就不太可能分心。如果你的孩子发现阅读材料很难，你可以鼓励他把它看作一部“心灵的电影”。与其把孩子正在读的书中的一个角色只当作一个名字对待，不如让孩子停下来想象一下：这个角色在现实生活中会是什么样子？住的房子是怎样的？场景是如何布置的？如果孩子是电影导演的话，他会如何安排剧情？他愿意扮演哪个角色？为什么？

阅读时存在的问题：理解和推理

除了连词成句，阅读的技能还有很多。从可以流畅阅读文字到理解文章的思想、内容、情节和角色，需要经过技巧性的训练。

你的孩子是否存在以下问题？

- 很难理解书中的故事。
- 理解不了作者的观点。
- 过于关注字面意思，很难进行推论。

解决方案：批判性阅读

批判性阅读涉及与文本更深入、更复杂的互动。下面我们来介绍几种阅读策略，以鼓励积极阅读。

把思考的内容大声说出来。积极的读者会在心里不断地与文本进行对话，自己却意识不到这一点。这种对话也许是对故事情节的一种反应——“他怎么能这么做”，也许是一个推测——“他一定会陷害他”，也许是与文本建立联结——“这让我想起了或者想知道某个深奥的词语的意思”。无论你与文本进行怎样的互动，你都可以朗读一小段话，和孩子讨论你是如何处理这段文字的，这样孩子就能够感受到文学叙述的内在逻辑。

向孩子示范你是如何解读文本的，让他有机会实践你的策略，这也是提升孩子注意力和参与度的好方法。例如，如果卢卡斯正在读《人鼠之间》（*Of Mice and Men*），他的父亲可以问他小说中的伦尼在特定时刻的内心想法以及产生这些想法的原因。这样做可以帮助他深入文本，进而帮助他内化这些策略。有时，用表格来记录阅读时的感想、预测和问题对孩子也很有益，因为这样做可以让他们反思阅读引发的所有想法。图表的一栏可以是一个角色的名字，另一栏可以是关于这个角色的想法，比如角色最关心什么、他喜欢或不喜欢什么、他的结局如何。对于卢卡斯来说，他还可以把相关的原文也记下来，同时记录下页码，以便他在写阅读报告时能用得上（见表5-1）。

表5-1 《人鼠之间》阅读提纲示例

角色	事件	感想/预测/问题
伦尼	乔治向老板介绍了自己和伦尼	即使通过交谈，伦尼也会陷入麻烦
乔治	乔治向老板介绍了自己和伦尼	乔治正在照顾他的朋友
柯利的妻子	她发现了小狗，安慰他说小狗已经死了	她看起来很好，但很孤独
克鲁克斯	克鲁克斯让伦尼进入了他的房间	结果可能很糟

概括主要内容。为了反思阅读过程，可以鼓励孩子用几句话来概括全文。这种做法能够帮助他们找到故事的主旨，并思考他们已理解或尚不理解的内容。如果他们不知道如何概括主要内容，你可以建议他们把故事当作一个电视节目讲给朋友听。

如果孩子还是觉得很难，你可以让他们将文本（一页或一章）拆分为更小的单元，然后总结每个单元的主要内容，或者让他们在书上记下每个部分的关键信息，然后再回顾所有的笔记，进而总结出主要内容。

思维可视化。正所谓“一幅画值千言万语”，正如上文提到的，我们鼓励孩子在阅读时“生成”一部“心灵的电影”：想象的意象使文本复活，从而参与到故事的构建过程中。如果孩子在脑海里对人物形象进行塑造时遇到了困难，那么画一幅画或许会有所帮助。为了对角色进行深入了解，孩子应该想象这些角色的样子，这样角色会更加真实和丰富。

有很多策略可以帮助孩子对思维进行可视化表达，比如列表格、画时间轴、画图和做批注。

进行预测。阅读时预测故事中会发生什么，这不仅有趣，而且是一种有效的阅读方式，可以让孩子们反思发生了什么，以及为什么他们认为情节会以特定的方式展开。读者应该考虑情节的背景知识和作者的写作技巧，并据此思考为什么预测是有逻辑的。例如，作者是故意转移话题来误导读者，还是出于故事情节的需要进行策划的？预测让孩子有机会反思他们读到的内容（概括、洞察人物角色等），同时也会让他们更期待翻开下一页阅读，以检验自己的预测是否正确。

根据上下文进行推论。通常，不爱阅读的人很难从字里行间读出文字背后的含义。要想基于文本得出结论，孩子首先应该想一想他们读到了哪些信息，这些信息又说明了什么。在进行推论时，鼓励孩子把自己当作寻找线索（文本证据）的侦探，通过自己的判断得出结论（可参考表 5-1）。

根据上下文理解词义。孩子不太确定某个词的意思时，不应该马上去查字典。相反，他们应该尝试联系上下文，根据语境来理解词意。例如，卢卡斯在阅读时遇到一个不理解的词，这时，他可以先圈出这个词，继续往后读，之后再回过头来猜这个词的意思。如果他真的需要知道某个词的意思才能理解整个句子，那他完全可以去查字典，前提是这个过程不会让他分心以致偏离了阅读。比如说，上网查词时，他就可能会被屏幕上出现的信息、广告或其他内容干扰。

提出问题。鼓励孩子提问，这对他们来说至关重要。提问不仅能让孩子对文本进行回顾梳理、深入研究，还能培养他们的好奇心。

在阅读的过程中，孩子可能会遇到不认识的词，或是对某个场景中发生的事没读懂，又或者无法理解某个角色的某种行为。无论如何，都不要放任孩子只是说“我读不懂”，家长要鼓励孩子提出具体的问题，让他们把问题记下来，以便与老师讨论，或者在他们从文本中获得更多的信息后再回头审视自己提的这些问题。

讨论故事的结构要素。在阅读文学作品时，孩子们应该了解构成故事的要素。他们应该关注故事的核心——背景、角色、情节和主题，通过这些要素搭建一个故事框架，他们可以从中拼凑出文本中正在发生的事情。

› **背景：**孩子要通过寻找线索来确定自己正在阅读的作品发生在什么背景下：室内或室外，家里或学校，哪个国家，哪个城市，在哪个时期，处于怎样的历史情境中。如果不理解故事的背景，他们就无法完全理解叙事的语境。

› **角色：**阅读中，需要记住主要角色的名字，但作为父母，你可以鼓励孩子更进一步，让他以更复杂的方式来思考这些角色。有两个问题你可以问问孩子，他也应该问问自己。第一个问题是，这个角色和另一个角色之间的关系是怎样的？第二个问题是，角色的想法如何影响了他们的行为？当孩子开始在角色之间、思想和行动之间建立联系时，他们通常也能更好地理解故事情节。

› **情节：** 情节不仅是指发生了什么，还关乎行为之间的关联。你要帮助孩子了解推动情节发展的“冲突”。“冲突”意味着一些人或一群人想要一些不容易得到的东西。他们可能想要爱，想要世界和平，或想要鸡肉三明治，而对读者来说，重要的是讨论情节中的事件，讨论欲望如何引发行动，进而触发新的欲望或行动。

› **主题：** 主题通常不容易看出来。这也是孩子们在阅读课上最怕被问到的问题。其实，如果他们清楚故事发生在哪里、故事里都有谁以及发生了什么，他们一定会知道哪些重要，哪些不重要。通常，“主题”意味着“作者真正想要表达的是什么”。例如，《麦克白》（*Macbeth*）这部关于权力的戏剧，其主题是麦克白夫妇因自己所犯的罪行而感到内疚。《蝇王》（*Lord of the Flies*）讲述的是，当一群被困孤岛的孩子发现自己处于权力的真空时，斗争便开始出现，其主题探讨的是人性中对混乱和暴力的倾向。

背景、角色、情节和主题，这些文学元素都是必不可少的，它们能帮助孩子将文本作为一个整体在更深层次上加以理解。

阅读时存在的问题：批注

前面我们已经提到过批注，就是人们在阅读时记的简短笔记。这里有必要针对批注再做一些专门的介绍。孩子们通常在四、五年级时开始阅读更复杂的文本，也是从这个时候开始，他们会做一些批注。刚开始做批注时，孩子可能会感到困惑，不知道怎么做。

你的孩子是否存在以下问题？

- 会把每一个字都用荧光笔标注出来。
- 不太确定哪些重要，哪些不重要。
- 不知道该写什么。

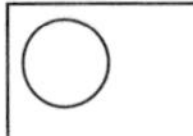

首先要知道批注是什么

简单来说，批注就是在阅读时标记文本的过程，是对那些重要、有趣或让人困惑的内容的一种关注。批注的目的是帮助孩子深入文本，使阅读更具互动性和吸引力。批注是众多阅读策略中的一种，如果使用得当，孩子可以更主动地参与到文本之中。批注能够帮助孩子理解文本，无论是从宏观的角度，还是从微观的角度。这涉及元认知，通过这个过程，孩子开始意识到自己的思维过程和学习方式是怎样的。这种自我认识能帮助孩子确定哪些具体的学习方法对自己最有效。

有效批注帮助孩子理解他们正在阅读的作品，并为课堂讨论提供有用的笔记。此外，批注可以成为写作的一种有益参考。

好的批注可以引导孩子一步步理解文本。问题是，有时批注本身会破坏阅读目标，因为孩子会过度关注自己应该写什么，从而影响了阅读故事的能力。

起初，学习做批注可能会很棘手。许多孩子都想知道他们的批注做得对不对，他们应该记下什么，他们怎么知道该用荧光笔标注哪些内容。还有一些孩子，比如卢卡斯的朋友苏珊娜，她不理解阅读时如何标记重点部分，她非常喜欢使用荧光笔，以至于读完一页后，整个页面仿佛闪着霓虹灯的光芒。

解决方案：有效批注

苏珊娜的老师刚刚给她布置了一项阅读作业，要求她完成一个章节的批注。但苏珊娜不知道如何正确批注。为了在阅读过程中和阅读之后进行有效的批注实践，她应该记住以下几点。

标记重要信息。苏珊娜应该用简短的词语概括那些重要的情节或人物信息，也可以用括号或星号标记相关的内容。如果她不知道如何判断一个场景是否重要，不妨这样思考：向朋友介绍这本书的主要情节时，她是否会讲述这个场景。

留意并确定中心主题。苏珊娜正在读《仲夏夜之梦》，她可以试着回想课堂上反复讨论的主题，在书上写下一些概括的内容，比如“性别角色：男性主导”或“感知与现实：莱山德认为他爱海伦娜”。在考前复习或根据特定主题写文章时，这些笔记会很有用。当同样的主题再次出现时，她只要在有关性别角色的段落旁简单地写下“GR”（Gender Roles，即性别角色）这两个字母就可以了。

标记重要的场景和段落，并思考以下内容：

- 该段落介绍了角色的哪些信息？
- 该段落与中心主题有什么样的联系？记下人物的语气和用词。例如：莱山德过分地赞扬海伦娜的美貌；狄米特律斯对海伦娜很残忍，他认为男性优于女性（GR）。
- 作者使用了哪些文学技巧？

苏珊娜要思考这个文本是如何用比喻或其他文学技巧来构建的。她在课堂上学到的一大堆术语可以派上用场了，比如讽刺、明喻、隐喻、拟人、借代等。更重要的是，她要去了解这些文学手法是如何运用的。当苏珊娜读到《仲夏夜之梦》中“你的眼睛是两颗明星，你甜蜜的声音比送入牧人耳中的云雀之歌还要动听”时，她可以这样做笔记：

> 眼睛＝明星，声音＝狄米特律斯喜欢的声音（隐喻）。海伦娜希望能成为赫米亚。她嫉妒狄米特律斯对赫米娅的爱。

记录阅读感受。作为读者，我们每个人在阅读文本时都有自己的主观印象，这是叙事体验的一部分。苏珊娜注意到角色的语气，以及不同的人物之间是如何互动的，但同样重要的是她要记录下自己的阅读感受。因此，当苏珊娜读到“我是你的一条狗，狄米特律斯；你越是打我，我越会向你献媚”时，她可以像这样做笔记：

- 什么？海伦娜怎么能这样贬低自己呢？
- 真是让我沮丧！
- 海伦娜＝狄米特律斯鞭打的狗；他的虐待让她更爱他。
- 让人不安的性别角色：女人可以被男人虐待。

提出问题。在阅读的时候，苏珊娜并不总是能完全理解文本。她不理解的可能是一个词、一个段落或某个角色的动机。她会用反问的方式提出质疑。比如她对海伦娜的评论：她怎么能说这样的话呢？她的自尊去哪里了？

无论苏珊娜是在书中圈出一个她不理解的词语，还是在空白处打个问号，重要的是，她要自己把这些弄明白。

做简要批注。苏珊娜在做批注的时候总是习惯写得很长，但书上空白的地方是有限的。所以，批注一定要短！问号、感叹号或关于主题、主要内容的简要概括都可以。如果批注的内容太多，字就会写得很小，不便看清楚。批注应该帮助阅读者深入文本，而不是将其与文本隔开。

少做标记。苏珊娜仍然可以使用荧光笔做标记，但她要记住一个重要的原则：只对必须标注的信息做标记。不重要的信息不需要标记。过度标记会让孩子陷入另一个困境，即令阅读变得更加困难，也更耗时，他们很难通过标记来确定什么才是重要的。

“五大策略” TAKING THE STRESS OUT OF HOMEWORK 改变不爱阅读的孩子

鼓励你的孩子：

1. 选择自己感兴趣的书籍阅读。
2. 和老师或家长一起选书。
3. 积极讨论。
4. 坚持每天阅读。
5. 分解阅读任务。

“五大策略” TAKING THE STRESS OUT OF HOMEWORK 从阅读图像小说向外延伸

你要记住：

1. 不要禁止孩子阅读图像小说。

鼓励你的孩子：

2. 通过阅读图像小说找到自己最喜欢的题材和主题。
3. 找出图像小说作者喜欢阅读的传统书目。
4. 在图像小说和传统文学作品之间不断转换。
5. 从阅读带有插图的短篇小说或非虚构类作品开始。

“五大策略” TAKING THE STRESS OUT OF HOMEWORK

帮助孩子在阅读时保持专注

你要记住：

1. 通过引导性问题和孩子讨论文本。
2. 让阅读过程变得有趣。

鼓励你的孩子：

3. 和你一起轮流朗读。
4. 培养阅读耐力。
5. 做简单的批注。

“五大策略” TAKING THE STRESS OUT OF HOMEWORK

批判性阅读

鼓励你的孩子：

1. 把思考的内容大声说出来。
2. 概括主要内容。
3. 进行预测。
4. 根据上下文进行推论。
5. 讨论故事的结构要素。

“五大策略” TAKING THE STRESS OUT OF HOMEWORK

有效批注

鼓励你的孩子：

1. 标记重要信息。
2. 留意并确定中心主题。
3. 记录阅读感受。
4. 提出问题。
5. 做简要批注。

第 6 章

TAKING THE STRESS OUT OF HOMEWORK

写作：
步步为营，成为写作高手

组织材料，找到正确的写作方法，列提纲，打草稿，遣词造句，安排段落，搭建结构……你的孩子会在以上至少一个环节遇到困难，任何一个环节都充满挑战。所有环节加在一起，使得写作看起来极其复杂，有时甚至会让孩子不知所措。

写作时的难点：写作前的准备

八年级的莉萨很害怕写作。无论是写一篇作文，还是写一段文字，哪怕是做阅读题，她都觉得难。她擅长数学，她觉得写作和数学很不同，写作没有标准答案。写作涉及的内容十分庞杂，是非线性的，有时甚至非常模糊。莉萨总是不知道从哪里开始写，即便动笔写了，也常常在写的过程中遇到问题，她不知道该如何完成一篇文章。写作需要完成那么多的步骤，要做那么多的准备工作，仅仅想到要写一篇作文就让她很痛苦。莉萨会找各种借口逃避写作。

你的孩子是否存在以下问题？

- 总是等到要写作文时才开始阅读教材。
- 很难理解写作任务的目标。
- 还没做好写作计划就开始写。
- 对于老师希望在作品中看到的关键信息总是毫无头绪。

解决方案：做好写作前的准备工作

坐在计算机前开始写一篇文章时，有些孩子头脑中有很多想法，另一些孩子则感觉十分痛苦。写作的关键是让孩子拥有对材料的掌控力，同时让他知道，和所有需要长时间才能完成的任务一样，写作也可以被分解成若干项便于完成的小任务。

确保完成指定的阅读任务。首先，确保孩子在写作之前完成相关的阅读任务。想要更轻松地完成写作任务，没有什么比定期阅读更重要了。如果孩子无法理解阅读材料，他就会被写作的任务弄得不知所措。如果你的孩子被作文难倒了，你要问的第一个问题就是，他是否完成了相应的阅读任务。

如果孩子在阅读理解上遇到了麻烦，请读一读第 5 章。如果在做一份探究性的作业时很难找到合适、有用的阅读文本，就从老师建议阅读的文本开始。另外，无论读哪种材料，都要留意素材的可靠性。

› **从课本开始阅读**。如果有必读书目，无论是小说、文献还是教科书，莉萨首先要做的就是，在阅读的时候用自己的语言做笔记，并在每条信息后面记下页码，因为她在作文终稿中标注引文和参考书目时可以用到这些资料。

› **评估素材的可靠性**。如果一项写作任务需要多种素材，莉萨就不能只关注课本而要去寻找更多的资源。在搜集新的资源时，一定要评估这些资源的可靠性。就拿网上资源来说，域名后缀为 .edu 和 .org 的网站通常比域名后缀为 .com 的网站更可信。另外，大学二年级学生写的文章和教授写的文章的水平肯定是不一样的，因此在阅读网上的资料时，莉萨应该进行批判性评估。如果觉得某个网站不可靠，那就换一个。

在评估网络资源的可信度时，可以考虑以下几个方面，我们将其简写为“BADCAP”：

Bias 见解（作者的视角）

Author 作者（谁写的）

Date 日期（写作时间）

Citations 引用（资料来源）

Authority 权威性（作者的背景）

Presentation 陈述（资料来源是否可信）

如果老师布置的作业比较灵活，学生可以自选话题进行创意写作，或者针对自己读的一本书进行写作，比如莉萨应该选择一个她特别感兴趣的主题。写作时有太多方面需要投入心力，所以孩子应该选择那些能给自己带来灵感的领域来创作。当有选择时，孩子应该写那些真正吸引他们注意力的事物，无论它是一只鸟、一个篮球还是一根法棍面包。如果你看到孩子在写作时总是苦苦挣扎，最好的办法就是帮他梳理写作过程。你可以通过一些有引导性的问题来帮助她，比如：

- 你试图回答的问题是什么？答案其实就是文章的论点，我们将在后面进一步解释。
- 你能简单介绍一下这本书吗？关于这本书，你们在课堂上讨论的主要内容是什么？
- 你的老师建议你从何处入手？

这些问题对于一个需要帮助的孩子来说是很有用的。对那些觉得写作很有挑战性的孩子而言，与他们交谈无疑是激发他们写作灵感最好的方式。

提供帮助时应避免的几个方面

有时，我们的“帮助”会适得其反，或是只解决了孩子眼前的问题。记住以下建议，它们有助于你为孩子提供有效的、长期的指导。

不要走捷径。很多父母经常会犯这样的错误，他们会对孩子说：“你在写一首诗吗？我们上网查一查，一起完成这首诗吧。”在搜索引擎时代，孩子会觉得任何问题都能在网上找到答案，但他们真正要做的其实是花时间完成自己的原创，而不是上网找答案。

不要只关注最终结果。让孩子更关注学习过程，也就是完成任务所需的步骤而不是最终的作品，这一点非常重要。孩子们最终都能完成写作任务，但他们首先要做的是完成各项过程性的任务。如果孩子不知道该如何完成任务，你要和他们一起讨论做这件事需要哪些步骤。更好的方法是，建议他列一个写作任务清单。

不要替孩子完成任务。父母常犯的另一个错误是替孩子解决问题，这显然已经越界了。他们可能会说：“我在高中时读过那本书。你应该写……”

记住，这是孩子要完成的任务，应该由他自己来思考。孩子写的作文读起来不应该像一篇大学水平的论文。本章介绍的写作基本结构，可以给孩子提供一些帮助，为他的创作搭建一个框架。但是不要告诉孩子写什么以及如何写，因为这样做只会破坏他作为一个写作者的独立思考，也会阻碍其写作技能的提升。

让写作的车轮转起来

随着孩子年龄的增长，你可以提供各种策略来帮助他找到中心论点或主旨句。通过头脑风暴和各类图表进入写作是很好的方法。

头脑风暴。头脑风暴是一种有效的方法，它可以让人产生对某个主题的最初想法。然而，漫无目的的头脑风暴和卓有成效的头脑风暴之间有明显的区别。

确保孩子知道写作的任务是什么（即回答什么问题），以及知道怎么写（即用什么格式）。如果写作任务是“内战是不可避免的吗？请写一篇作文来阐述这个问题”，老师会从观点、证据，以及正确的作文格式几个方面来评估文章。如果老师要求写 5 段，那么进行头脑风暴时就应该聚焦于文章的写作要求：第一段陈述论点，接下来至少要有 3 个具体的例子来支撑中心论点，最后一段总结全文。

然而，并非所有的头脑风暴都是有价值的。

› **漫无目的的头脑风暴：**这类头脑风暴太发散了，所产生的信息通常也没有什么价值。在进行头脑风暴时，如果没有明确的目标，只是随意罗列一些无关紧要的人物、情节、观点和主题，那 20 分钟的讨论根本不会有什么成效。

› **卓有成效的头脑风暴：**这类头脑风暴通常会生成一份有条理的信息列表，里面有支持中心论点的具体例子。建议孩子在进行头脑风暴时分门别类地做笔记，这对他一定有帮助。例如，有一个写作任务要求用一段话来阐述威廉·戈尔丁（William Golding）的小说《蝇王》的中心思想，孩子可以在一张纸上分出 3 个区间，每个区间所涉及的内容不同，孩子要把想到的信息分别写在 3 个区间里。以莉萨为例，她的信息列表如下：

小说探索了什么话题或主题？作者的观点是什么？

- 人性是邪恶的。
- 男孩们很苛刻。
- 只有智商是不够的。
- 战争很可怕。

为什么某些角色很突出？

- 拉尔夫希望文明能够战胜野蛮。
- 杰克渴望权力。
- 猪仔很聪明，但也很脆弱。

表达主题的事例有哪些？

- 野蛮和文明的对比。
- 男孩们对猪仔很苛刻。
- 最后，士兵对男孩们的行为感到十分震惊。
- 人类内心的邪恶。
- 一群男孩追捕拉尔夫。
- 渴望权力的杰克。

尽管还没有成形的文章，但莉萨在写作前的准备阶段已经有了关注点，即“为什么文明不足以控制人类的本能”。

使用信息结构表。正如前文所讲，信息结构表不仅有助于收集信息，还有助于梳理角色关系。对于像莉萨一样喜欢用可视化学习工具来厘清事物之间联系的孩子来说，以“《蝇王》中野蛮与文明的对比”为论点，下面这些方法会很有用（见表 6-1）。

表 6-1　作文信息结构表

具体事例	引自原文中的证据（含页码）	意义：关于这个论点，引文和作者的写作技巧揭示了什么
男孩们对猪仔很苛刻	“杰克的蓝眼睛里露出了大胆的目光。他走了一步，终于打了一个人，拳头打到猪仔的肚子上。”（第 71 页）	杰克想要打猪仔的愿望与其说是因为猪仔本身，不如说是因为杰克内心里想要打人
海螺代表秩序	猪仔解释说：“我们可以用它来召唤其他人来这里一起开会。”（第 16 页）	海螺解决了男孩们如何找到彼此的问题，“开会”一词强调海螺能够帮助男孩创造他们在家乡时所习惯的那种正式互动的方式
最后，士兵对男孩们的行为感到十分震惊	“你们都是英国人，不是吗？我以为一群英国男孩应该有比这更好的表现才是。”（第 202 页）	士兵的语气和反应与现实中的情况相差太远

对于四、五年级的孩子来说，刚开始可以使用简化的信息结构表。以“尼罗河促进了古埃及文明的兴盛”为论点，下面列举了一些例子（见表 6-2）。

如果追溯时间顺序是一个挑战，你可以建议孩子制作一个信息结构图（见图 6-1），鼓励孩子按时间顺序画出流程图，或者在网上找一些信息结构图作为参考。这样做的目的是借助流程图创造一种故事感或逻辑感，帮助孩子在得出具体论点之前将各种想法联系起来。

表 6-2　段落信息结构表

原因 1： 尼罗河提供了食物和水	原因 2： 尼罗河水被用来灌溉土地	原因 3： 尼罗河让交通运输成为可能
论据	论据	论据
1. 尼罗河每年的洪水使土地变得肥沃，农民可以种植小麦和亚麻等农作物	1. 它将水流分流到沙漠中的不毛之地	1. 埃及人可以乘船在尼罗河上与其他文明进行贸易来往
2. 人和动物都把尼罗河作为水源	2. 灌溉使全国各地的农业发展成为可能	2. 载着人和货物的船只在尼罗河上来回航行
3. 人们可以在尼罗河上捕鱼	3. 这意味着，虽然肥沃的土地大多分布在尼罗河谷，但人们几乎可以在埃及的任何地方定居	3. 尼罗河让人们从一个地区更快速地到达另一个地区成为可能

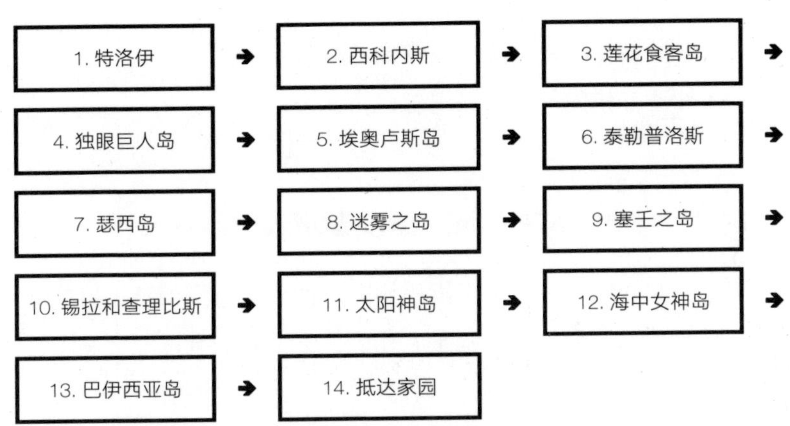

图 6-1　希腊神话中奥德修斯回到伊萨卡的线路图

写作时的难点：列作文提纲

仍以莉萨为例，她专注于某个话题，搜集了一些资源，围绕话题做了一些笔记，用她自己的话解释每条信息并标注了信息来源。这些信息可能后期会用到，必要时她需要不断整合更多的信息。这时，她要把注意力转向下一个阶段：组织想法，开始写作。

成功的写作始于清晰的文章结构。为了让论点尽可能有效，莉萨应该列一个作文提纲来组织想法。通过列提纲，她可以将作文中包含的要点进行有序概括。提纲可以作为她的作文草稿的蓝图。

你的孩子是否存在以下问题？

- 不知道段落是由什么组成的。
- 在开始写作时没有考虑文章的结构。
- 不知道文章的开头和结尾怎么写。

解决方案：分步骤列提纲

下面详细介绍一下作文提纲的构成，像莉萨这样的孩子可能会用到。各种类型的写作，其结构是一样的，下文我们会以一篇文学性作文的提纲为范例做介绍。

形成论点

写作时首先要找论点。通常，孩子们开始写作的时候总感觉很困难。有些老师建议他们首先找到那些相互关联的文本内容，然后通过这些内容确定论点或主要观点。还有的老师建议暂定一个论点，在收集论据的过程中不断修改和完善论点。根据我们的经验，将这两种方法结合起来用往往效果最好。在任何情况下，论点都应该是首先要考虑的因素，然后再想怎么写。作文不仅要呈现论点，还应该为读者提供文中核心论点的路线图，在作文中有序地逐步展现。

莉萨可以把作文的主题作为一个问题来思考。比如“威廉·戈尔丁的《蝇王》中海螺的意义”，这句话应该改为“在威廉·戈尔丁的《蝇王》中海螺的意义是什么”。把文章的主题作为一个问题提出来，能够帮助莉萨更好地提炼论点：海螺在《蝇王》中意义重大，因为它帮助拉尔夫和猪仔创造了一个新的文明，它让每个男孩都能发出自己的声音，它的毁灭预示着混乱即将出现。论点可以是一句话，也可以是几句话，根据具体情况而定，不要限制自己的想法。

如果孩子不知道怎么写文章的论点，建议他：

- 使用头脑风暴和信息结构表来构思文章的论点或主要内容。
- 找到书中最有力的论据来支撑论点。把这些论据都写出来，并简要解释为什么它们很重要。

- 重新考虑暂定的论点是否需要根据这些论据进行修改。

写好开头段

一旦有了论点，莉萨就可以开始认真地写作文提纲了，从开头段开始写。每位老师对提纲有不同的期望。有些老师希望在提纲中看到更多的细节，而有些老师只要求提纲有简单的结构。除非老师有特殊的要求，否则不要让孩子被所谓的正确格式（如罗马数字、大写字母、数字）限制住。在任何一份作文提纲中，最重要的是孩子的论证，而不是格式。

在作文的开头段中，在更进一步地描述之前，莉萨应该先简要概括一下故事，让可能对故事不熟悉的读者了解大致背景。虽然莉萨提出了一个暂定的论点——海螺在《蝇王》中意义重大，因为它帮助拉尔夫和猪仔创造了一个新的文明，它让每个男孩都能发出自己的声音，它的毁灭预示着混乱即将出现，但从这个论点开始写作的话，读者需要了解背景知识。

莉萨应该先简要地介绍一下读者必须了解的信息，这样他们才能更好地理解她的主要论点。介绍部分通常包括作品名称（Title）、作者（Author）和作品类型（Genre），简称“TAG”。在莉萨提出上述论点之前，她应该这样介绍：

> 在英国作家威廉·戈尔丁的小说《蝇王》中，戈尔丁描述了一群孩子，其中包括名叫拉尔夫和猪仔的两个孩子，他们发现自己被困在一个小岛上。随着小群体的分裂，戈尔丁将读者的注意力集中在海螺上面。（论点）

之后，莉萨再提出论点。读完开头段后，读者应该知道莉萨的论点是什么，也知道她将如何进行论证。莉萨应该尽可能按照时间顺序展开写作。

主体段的写作

作文的正文部分应该有几个主体段。主体段以具体的论据支撑作文中提出的论点。每个主体段由 5 部分组成：主旨句、上下文关联句、论据（引文或数据）、分析和总结。每一段的第一句应该是主旨句，莉萨应该在主旨句中介绍她的观点，以及这些观点与文章论点的关系。

回到段落开头的第一个问题，莉萨的读者将会把目光放在她对这个问题的回答上。

写主旨句。主旨句相当于一个小论点，它是主体段的第一句话，这句话用来提出观点或陈述该段将要论证的内容。主旨句至关重要，因为它是对想法的提炼，并且强调了写作者的观点。

为了写出清晰的主旨句，莉萨可以将论点复制粘贴到她提出的主旨句的上方。对照检查她的主旨句能否直接支撑她的论点，有没有偏离。这样，写主旨句会变得更简单，因为主旨句会直接影响作文的框架结构。在写好每一段的主旨句之后，记得将复制粘贴过来的论点删掉，论点只出现在开头段的最后。

› **主旨句 1：**对应的观点是“海螺在《蝇王》中意义重大，是因为它帮助拉尔夫和猪仔创造了一个新的文明”，将其修改为“海螺的主要意义在于它象征着拉尔夫和猪仔试图用它来建立一个新文明”。

› **主旨句 2：**对应的观点是“海螺在《蝇王》中意义重大，是因为它允许每个男孩都发出自己的声音”。通过使用过渡词或短语将这句话与前一个主旨句关联起来，修改为“由于海螺在群体中的影响力，谁得到了海螺，谁就能抓住其他男孩的注意力”。

› **主旨句 3：**对应的观点是“海螺在《蝇王》中意义重大，是因为它的毁灭预示着混乱即将出现”。同样，将这句话与前一个主旨句关联起来，修改为“海螺也是至关重要的，因为它的毁灭象征着故事过渡到一个新的混乱状态”。

详细论述。在莉萨写好了主旨句之后，她必须找到论据来支撑每一个观点。每个主体段将包括以下这些内容。

› **上下文关联句**。上下文关联句要介绍论据并提供上下文背景，使读者能够基于文本的叙事背景来理解论据。

› **论据**。对于一篇文学分析作文来说，论据通常是一段引文；对于历史学科的文章而言，论据主要包括一些史料，或基于史料的解读。为了使论述更有说服力，所选择的论据应该能直接支持主旨句，进而支持论证过程。

› **分析**。分析不仅需要解释论据及其意义，还要解释作者的写作如何有助于中心思想的表达。某些文字或某个事实除了其表面显示的信息，还在表达什么？分析并不等同于解释，要避免仅仅重复解释论据的意思。相反，写作者既要分析内容，如这段引文为何重要，又要分析写作手法，如词语的选择和文学技巧，以及隐喻、明喻和拟人等修辞手法是如何展示作者意图的。

› **总结观点**。这个部分总结为什么该段的观点对文章的主要论点很重要。这时候，写作者需要对分析过程进行反思，向读者展示最重要的一个观点，提供对分析过程的解读。这样做能够帮助莉萨始终围绕主要论点进行论述。在进入下一个段落之前，确保自己已经充分证明了这一段的要点，并将其与文章的主题联系起来。

有些老师要求主体段中有两三个论据，因此孩子需要重复写上下文关联句、论据和分析的步骤。无论如何，只要上述所有元素都具备，你就可以确定孩子走在正确的写作轨道上。

将每个主体段分成 5 部分，这样做可以让那些畏惧写作的孩子把一个个段落看作一系列步骤，每一个步骤都是他们自己可以管理的。一些老师要求学生用助记符号“ICE”将论据整合到主体段中，“ICE”是 3 个单词的缩写：介绍（Introduce）引文的背景，引用（Cite）论据，解释（Explain）论据的重要性并进行分析。

写第一个主体段。以下是关于《蝇王》主题写作的第一个主体段的范文，你可以给你的孩子看看，作为参考。

› **文章的论点：**海螺在《蝇王》中意义重大，因为它帮助拉尔夫和猪仔创造了一个新的文明，它允许每个男孩都发出自己的声音，它的毁灭预示着混乱即将出现。

› **主旨句：**海螺的主要意义在于，它象征着拉尔夫和猪仔试图用它来建立一个新文明。

› **上下文关联句：**按照猪仔的建议，拉尔夫吹起了海螺以召集男孩们。

› **论据（引文）：**猪仔解释说："我们可以用它来召唤其他人来这里一起开会。"（第16页）

› **分析：**（首先分析文章的内容，然后再分析背后的思想）海螺解决了男孩们如何找到彼此的问题，"开会"一词强调海螺能够帮助男孩创造他们在家乡时所习惯的那种正式互动的方式。

› **结论：**海螺意义重大，因为如果没有它，男孩们就无法聚集在一起，读者也不会对猪仔和拉尔夫渴望秩序的想法有初步的感知。

每篇文章都应该有尽可能多的主体段，对提出的观点进行论证。通常，每个主体段都应该围绕一个话题展开，主体段的顺序应该根据段落之间的联系进行安排。

如果学生不会写主体段，最好的支持方式就是为他们提供能帮助他们写作的工具。可以参考本书附录3中的工具——主体段写作模板，这些模板能确保段落中包含所有必要的元素，孩子们可以直接使用。记住：父母不应该帮助孩子写。

结论段的写作

在写了很多的主体段来表达观点后，莉萨接下来要进入结论段的写作。

结论段要对观点进行总结，对主题进行反思，结尾要有力，能够吸引眼球。确保孩子清楚老师对结论段的细节要求是什么，因为老师的要求可能会根据任务的性质而有所不同。

总的来说，写作者要在结论段中简要总结文章的要点。如果文章只有 3 页，读者是有可能记得文章要点的，但在开始总结时再回顾一下文章要点，这对于孩子来说是个很好的习惯。在之后的学业生涯中，面对写一份几十页甚至上百页的论文时，这个习惯非常有帮助。

除了对作文的要点进行总结以外，一个好的结尾往往会给读者留下思考空间。建立链接是很重要的，记住这一点。读者可以从作文探讨的主题中学到什么？这些主题对于生活在今天的人们有什么意义？

老师们会用各种方法启发学生。无论他们使用什么样的语言，目标都是在文章与读者之间建立联系。为什么读者要花时间读这篇文章？这篇文章为什么很重要？莉萨应该在结论段中把这一点讲清楚。

有些孩子会提出一个问题来为作文收尾，比如，“今天的人们能从《蝇王》中学到什么？”其实不应该这样做，他们应该自己回答这个问题，让读者接受他们想要表达的观点，而不是让读者回答。

记住：即使有了作文提纲，写作需要的时间也比我们预期的要长。孩子应该为每一个环节预留尽可能多的时间。

写历史研究性作文的注意事项

上述写作提纲的建议也适用于写历史研究性作文，如果篇幅较长，莉萨还需要注意以下几个方面。

选择可靠的一手资料和二手资料。总的来说，文学性作文主要关注对文本特定语言的分析，而历史研究性作文更多地关注如何构建框架和呈现信息。无论文章的主题是什么，想让论点令人信服，必须有一个有力的论据支撑体系。写历史研究性作文的时候，莉萨应该在主体段中使用一手资料和二手资料来支撑主旨句。

改述。对于历史研究性作文，莉萨还应该从做笔记开始。她应该明白，在作文中加入可靠的资料来源会使观点更有说服力。无论莉萨使用了多少条信息，她都应该在每条信息之后写下来源，这样她以后可以很容易地将它们添加到脚注或参考文献中。

检查研究资料与观点的相关性。在主体段中，莉萨应该只使用那些对论点有帮助的材料。如果她要评价某个人物在历史上的意义，那么即使这个人的家庭或宠物信息可能很有趣，在作文中她也应该只使用那些有助于她阐述观点的材料。

建立上下文的联系。一些历史老师甚至建议在开头段后再增加一段，更进一步地介绍背景。

如果莉萨在写一篇题为“日本袭击珍珠港的历史影响是什么”的作文，她应该先写一些自己的想法，然后针对论点进行头脑风暴，比如“日本对珍珠港进行军事袭击具有很深的历史影响，因为它夺走了许多人的生命，导致美国加入了第二次世界大战，并引发了日裔美国人集中营的创建”。

然而，莉萨不能假设所有读者都熟悉这个话题，她应该先介绍一下相关的历史背景。在形成了一个暂定的论点后，莉萨应该考虑以下问题：为了能够理解她的论点，那些不熟悉背景知识的读者应该知道什么？她可以通过头脑风暴思考一系列问题，通过回答这些问题，引导那些对话题不熟悉的读者。比如：

珍珠港是什么？美国太平洋舰队基地。

在那里发生了什么事？日军袭击珍珠港。

日军袭击珍珠港的原因是什么？美国和日本之间关系紧张。

她的开头段可能是这样的：

在20世纪30年代末至40年代初，美国和日本之间的紧张局势加剧。大萧条让日本经济变得紧张，日本开始侵占中国东北等地，企图获得更多的自然资源和更广阔的市场。为了表达对日本政府侵略行为的不满，美国对日本进口的石油及钢铁实施了禁运，而这导致日军在1941年12月7日袭击了美国在珍珠港的军事基地。由于各种原因，日军对珍珠港的袭击具有重大的历史影响。它夺去了许多人的生命，并导致美国加入了第二次世界大战。这次袭击也是日裔美国人集中营产生的直接原因。

一篇详细的历史作文大纲范例可能会对莉萨有所帮助，她可以从中了解如何形成论点、使用论据。

在主体段中，莉萨应该重新评估她在开头段中提出的观点。在这篇作文中，莉萨可以这样写主旨句：

› **主旨句 1：**美国和日本之间关系日益紧张，导致了珍珠港事件的发生。

› **主旨句 2：**这种摩擦导致了日军对珍珠港的军事轰炸。

› **主旨句 3：**日军袭击珍珠港的历史影响是，许多人因此丧生。

› **主旨句 4：**日军袭击珍珠港的历史影响还包括……

在每一段中，莉萨都可以通过引用一手资料和二手资料来支持主旨句。

课堂上的写作

上述策略也适用于课堂上的写作。在收到一篇课堂作文的写作要求后，学生可以像下面这样做。

1. 把话题框定为一个问题。
2. 开头段：在开头段的结尾回答论点中的问题，尽可能根据需要使用更多的句子，依次介绍要点。在开头段开始时，简要地引导读者进入主题。

3. 主体段：运用清晰的主旨句引导读者进入主体段，每个主旨句都应该能概括段落要点，并与论点相联系；具体分析后，结论句应该强调这个段落的要点，并能与文章的论点相呼应。
4. 结论段：添加结论段，按照主体段出现的顺序再次强调论点，给读者留下思考空间，将论点与读者的生活相关联。

写作时的难点：找到合适的词语

莉萨终于把关于《蝇王》的作文提纲整理好了，她感觉很棒，心想：既然我已经完成了最难的那部分，剩下的就是小菜一碟了。

但是，当莉萨试图在作文提纲中填充具体内容时，她发现一切都比她预想的难得多。有那么多问题要回答，有那么多可能性。这比数学要难多了，至少她在做数学题时知道自己是做对了还是做错了，而写作时，她要思考：用哪个词最好呢？怎样才能把所有的想法都联系起来？怎样才能保证没有语法错误？

在这种情况下，莉萨需要受到指导以简化写作过程，确保她在正确的写作轨道上完成作品。

你的孩子是否存在以下问题?

- 总是重复使用平淡的词语。
- 无法将想法联系在一起。
- 被同样的语法和句子规则难倒。
- 总是草草了事。

解决方案：使用贴切的词句

许多孩子认为他们应该按照说话的方式来写作，事实上，写作文和做学校作业需要更多的思考，也更正式。理想情况下，凡是涉及写作的任务总会有充裕的时间，以便写作者能够整理想法，找到最贴切的词语，认真修改，以确保语言能恰如其分地表达自己的想法。

使用正确的语气和描述性语言

一篇优秀的作文要的不仅仅是条理清楚、观点鲜明，与表达的内容同样重要的是表达的方式。

语气。首先，对于孩子们来说，了解与朋友交谈和写一篇正式作文在语气和语言上的差异是很重要的。他们可能会和朋友谈论自己读过的一本“很棒的书”，但在写的时候，他们应该解释哪些特征、人物或情节元素使得这本书“引人注目”或“令人难忘”。“很棒”这个词有些模棱两可，因此写作中应该避免使用。它的意思可能是“写得很好”、“令人惊讶”或“独特”。“令人难忘”这个词语包含的含义则更加具体。

尽量避免使用的词和短语。对于大多数分析性作文来说，老师不希望学生在写作中使用第一人称或第二人称，而是要求他们用第三人称的口吻。除非是创意写作或日记形式的记录，否则学生应该避免使用“我”“在我看来”“我想”或其他类似的词和短语。相反，应该让研究和论证来“发声”。例如，莉萨与其写“我认为新奥尔良战役具有历史意义，因为……”，不如写“新奥尔良战役具有历史意义，因为……”。她应该利用自己找到的一手资料和二手资料来论证论点。因此，当孩子准备写“我认为……”或者“据我所知，……”这类句子时，鼓励他们沿着这个思路往下写，但只保留具体的内容，去掉前面的提示语。

同样，“这表明”这个短语也要避免使用。莉萨应该先思考一下她的想法，然后把这个想法具体要表达的内容写下来，但不要用“这表明”作为句子的开头，只要写一写接下来会发生的事情即可。

如果莉萨在评论亚瑟王，她应该只写下文中没有被删掉的部分：

~~[我认为/这表明]~~ 巴林和巴兰的故事是一场悲剧，因为巴林在不知情的情况下杀死了他的兄弟。

词语的选择。大多数五、六年级的学生都喜欢用一些模糊的、经常被过度使用的词语来表达自己的想法，比如“好”“坏”“东西”“好玩”“有趣”“好看”“很棒”“真的”“非常”等，中学生应该避免使用这些词。

还有一点也很重要，那就是孩子们应该使用描述性的语言来表达自己的观点。例如，“好”这个词的意思因上下文而异，所以，如果莉萨正在写一篇暑期阅读报告，要评论一部她认为“好”的小说，她应该清楚地表达“好”是什么意思：这部小说令人兴奋吗？角色很复杂吗？情节的转折让她想知道接下来会发生什么吗？……

七、八年级的学生在写作中应尽可能做到精确表达。如果莉萨在思考她在夏天做过的事情，“很多有趣的事情”这句话会浮现在她的脑海里。但她应该思考一下具体是哪些事情，以及她为什么觉得有趣。她应该避免使用“事情”这个词。每句话中的每一个字都应该清楚地反映她要表达的确切意思。

如果你的孩子是一个极简主义者

有些学生总是按写作的最低字数要求来写。如果一篇作文要求至少写4个句子，他们就只写4个句子，每个句子中只有很少的几个词。有些小学生甚至会在不需要用句号的地方使用句号，只因为希望多一个句子！

你可以和孩子分享这个“最小值加一”的规则：当写作中要求“最少”或“至少”时，总是在要求的数量基础上增加一个或几个。如果一篇作文要求至少写5句话，那么学生写的内容应该不少于6句话。老师总是希望学生写得比最低字数要求多，这种学习态度对他们在课堂内外的学习都有帮助。

然而值得注意的是，不要让学生认为作文的长度等同于作文的质量。随着学生年龄增长，过度表达可能和思想不成熟一样成为问题。只有他们对作文的结构有明确的意识，同时能充分表达自己的想法时，两者才能达到平衡。

文章过渡自然流畅

首先需要提醒的是，中学阶段的写作不应该是专业级的水平。这个阶段的写作没有那么复杂，做到表达清晰、合乎逻辑和书面化就足够了。句子要短，每个句子表达一个意思。对于五、六年级的孩子来说，如果一个句子表达了两层意思，你可以建议他只保留其中一层意思，或者把一个复杂的句子拆分成两个简单的句子。如果两句话之间的逻辑关系不清晰，可以建议他使用恰当的过渡词把两个句子连接起来，下面列举了一些过渡词。

表示补充或相似性：而且、除此之外、同样、再者、类似地。

表示结果：相应地、结果、因此、接着、所以。

表示相反：反之、另一方面、相反、然而、尽管如此。

表示强调：最重要的是、首先、特别是、尤其是、主要地。

表示例外：除……之外、此外、除了、不包括、不同于。

表示说明：例如、比如、举例来说、诸如。

表示重述：本质上、换句话说、也就是说。

表示总结：总的来看、总之、总而言之、综上所述。

表示概括（尽量不用）：通常、一般来说、普遍地。

深度钻研，仔细分析

在主体段5部分的句子中，分析句通常是孩子认为最难的。他们通常把原文中的话或资料重复一遍，因为句子意思显而易见，他们觉得没什么可分析的。

不妨试试以下这些建议，帮助孩子抓住关键。

重新审视引文。想想段落中已经引用的原文，思考一下为什么这段引文很重要。假设莉萨引用的文本证据是"因为逝去的纯真、人类心灵的黑暗，以及一个名叫猪仔的真正的、智慧的朋友坠落惨死，拉尔夫失声痛哭"，如果莉萨不确定该如何分析这句话，她应该先找出这句话中最重要的词，并解释它为什么重要：为什么猪仔象征着智慧？为什么戈尔丁要强调猪仔的智慧还不足以拯救他自己？这种审视引文的方法可以作为一种分析方法来使用。

询问引文如何证明观点。例如，在这句话出现之前还不清楚的那部分内容现在是不是更容易理解了？为什么这个特殊的证据很重要呢？

我们再来看一遍这句话："因为逝去的纯真、人类心灵的黑暗，以及一个名叫猪仔的真正的、智慧的朋友坠落惨死，拉尔夫失声痛哭。”对这句话的关注重点是拉尔夫对于纯真的理解，而不是猪仔的智慧。通过“逝去的纯真”和“人类心灵的黑暗”，戈尔丁让读者最终明白，在拉尔夫看来，纯真就是纯洁。

有些分析是多余的。如果莉萨不知道该引用什么，或者觉得所引用的文本意思很直白，那么她最好选择其他论据。像“杰克坐起来，伸了伸腿”这样的句子就没什么可分析的。这句话表达的就是字面意思，没有什么言外之意。而“逝去的纯真”“人类心灵的黑暗”“一个名叫猪仔的真正的、智慧的朋友”则可以引发读者思考：作者为什么要选择这些词语来表达他的想法？

注意语法和写作规范

下面，我们将带你了解一下常见的错误，但问题的关键在于你如何向孩子提出建议。

如果莉萨的妈妈让她坐下来，并对她说：“用对同音词，不要写长句，注意代词先行词，不要重复使用相同的词语，避免陈词滥调。”莉萨肯定会尖叫着跑出房间。

如果孩子对你的反馈持开放态度，那就跟他玩一个游戏，引导他进行批判性思考，不要只是简单地指出他的问题。找出一个句子或一行文字，问他能否发现写作规范或语法上的错误。这样做会让孩子处于主导地位，知道润色时应该修改什么，这样一来，他们更有可能内化文章的润色过程。

同音词。无论你的孩子拼写如何，同音词往往是比较难的，而且会高频出现。例如，对于“there（那里）”“their（他们的）”“they’re（他们是）”这几个词，孩子们常常通过上下文语境来分辨。此外，也有一些实用有趣的提示或记忆方法。例如，“there（那里）”是表示位置的，因为“here（这里）”是它的一部分。

不完整的句子或连写句。不要把你在学生时代学到的语法规则一股脑地教给孩子，这样做只会让他更困惑。首先应该关注的是基本的语法知识。和孩子一起找到动词（通常是表示动作的词语）和这个动词的主语（人、地点、东西或想法）。只要每个动词都有相应的主语，句子肯定是完整的。

连写句在中学写作中很常见。与许多人的观点相反，我们认为连写句未必是很长的句子。为了确定一个句子是不是连写句，最有效的方法就是看看能否用句号替换逗号。如果答案是肯定的，那么这个句子就是连写句。这种类型的连写句被称为逗号拼接句。

举个例子，如“戈尔丁阐释了友谊和文明的主题，他描述了岛上一群小男孩之间发生的事情”。一种方法是把这个句子中互不相关的表述分成两个独立的句子，加一些连词，如：

为了阐释友谊和文明的主题，戈尔丁描述了岛上一群小男孩之间发生的事情。

另一种方法是将这两个独立的子句合并成一个句子，如：

戈尔丁以友谊和文明为主题描述了岛上一群小男孩之间发生的事情。

代词含糊不清，尤其是“这个”。一般来说，“这个”和“那个”后面应该跟一个名词，以确保前面的内容（或所指的主语）清晰明了。

来看看莉萨作文中的这句话：

她看着云层。旁人想知道这意味着什么。

“这”是指什么？云层？“她”看到的景象？“她”的表情？莉萨应该明确一下：

她看着云层。旁人想知道这个向上看的动作意味着什么。

这个过程往往会促使孩子更加精确和深入地考虑自己的想法，这样做可以提高作文质量。

用词重复。不断润色文章，确保同一个句子中不会重复使用某个词，甚至避免在同一个段落中重复使用，除非真的有必要。检查词语是否重复使用并润色整篇文章的最佳方法，就是让孩子朗读他们的作品。有没有其他人听并不重要，听到文本可以让他们发现容易避免的错误，提高写作水平。

陈词滥调。当有人第一次说“下起了猫猫狗狗雨（It’s raining cats and dogs）”这句话时，你能想象一下它的效果吗？人们想象真的猫和狗从空中掉落下来，落在车顶、房顶和街道上。这其实是说雨下得很大很大！这句话在今天已经变得很平常，人们听到它就知道是下起了倾盆大雨，不会有更多的联想。孩子们应该少用那些因过度使用而失去了意义的短语，要用自己的语言来描写。

精准用词。“大厦”(mansion)比“大房子”(big house)要好。“狂奔”（sprint）比“快跑”（run quickly）要好。帮助你的孩子学会找到最精确、最有效、最令人信服的词语来表达自己的想法。

句子结构缺乏多样性。许多孩子重复使用一种简单的句子结构：主语 + 动词 + 宾语。有很多方法可以改善这种情况，其中一种有效的方法是使用从句或动名词开启一句话，这样就可以使文章中的句子结构更丰富。例如，“戈尔丁阐释了友谊和文明的主题。他描述了岛上一小群男孩在他所建构的复杂社会生态中所发生的事情”可以改为：

> 戈尔丁阐释了友谊和文明的主题。通过建构复杂的社会生态，他描述了岛上一小群男孩之间发生的事情。

整体和局部的检查。完成初稿后还有两个步骤。首先要确保文章在逻辑上是连贯的。这个过程既可以在计算机上完成，也可以将文章打印出来检查，这可根据孩子的喜好来决定。这次通读的目的，是检查文章的论点与每个主体段中的主旨句是否匹配。除此之外，还要检查主体段中的信息是否按逻辑顺序有序展开。

其次是检查句子和词语。在纸质版的文稿上检查比在电子屏幕上查看文档更有效。如果孩子需要你的支持，开始的时候，你可以和孩子一起做，检查过部分内容之后再让孩子独立去做。或者让孩子拿一支铅笔，一边朗读文章，一边检查，同时，你也可以给一些提示。

比如，如果莉萨以“这意味着”作为某句话的开头，她的父母可以问问她“这”指的是什么。如果莉萨认为确实不明确的话，她就要用更具体的名词来代替。

修改文章

告诉孩子，即使是最好的作家也需要不断修改文章。找到所有的拼写问题、语法错误和词语遗漏问题并修改，同时还要确保整篇文章的流畅性，这一点是很难的。最好让孩子把文章打印出来，认真检查，多修改几次。

检查清单

最后，提醒孩子在检查文章时要仔细对照检查清单，这份清单可以重复使用。把以下检查清单打印出来给孩子，让他对照检查。

一般规则：

- ☑ 你有没有把姓名、班级、日期写上？
- ☑ 标题有没有居中？

开头段部分：

- ☑ 你有没有向不熟悉文章主题的读者做简单的介绍（最多两三句话）？
- ☑ 你有没有提到作品名以及作者？
- ☑ 你的文章重点是否突出？

- ✅ 你的论点陈述得是否清楚？

主体段：

- ✅ 你是否按照论点中提到的观点的顺序展开写作？
- ✅ 你的主旨句是否概述了你将在段落中讨论的内容？
- ✅ 你引用的文本是证明你观点的最佳论据吗？
- ✅ 你确定是在分析而不是在改写引用的文本？
- ✅ 你注意到那些特殊的用词、文学技巧或细节了吗？

结论段：

- ✅ 你是否运用一个强有力的主旨句来总结你的观点？
- ✅ 你是否按顺序概括了文章的要点，并向读者简要概括了你的论点？
- ✅ 你的结论概括了你所论证的观点吗？
- ✅ 你给读者留下了思考空间吗？（这篇作文的意义是什么？为什么研究这个主题很重要？）

写作规范：

- ✅ 你有没有正确使用动词时态？
- ✅ 你有没有避免使用个人视角（如“我”“我们”“我们的”）的语言？

- 你有没有使用第三人称？
- 你有没有避免重复使用一些词语和成语？
- 你是否使用了书面语言，而不是一些俚语、陈词滥调？
- 你校对过错别字、标点符号、缩略词和模棱两可的代词了吗？
- 每个代词（“他”“她的”“那个”等）指的是什么，你是否表达清楚了？
- 你有没有检查整篇文章的用词？

“五大策略” TAKING THE STRESS OUT OF HOMEWORK
做好写作前的准备工作

鼓励你的孩子：

1. 确保完成指定的阅读任务。
2. 提出指导性的问题。
3. 头脑风暴。
4. 使用信息结构表。
5. 搜集论据。

“五大策略” TAKING THE STRESS OUT OF HOMEWORK

分步骤列提纲

鼓励你的孩子：

1. 把作文题目当作一个问题来研究，问题的答案就是论点。
2. 确保每个主旨句都围绕相应的观点，并与文章的论点紧密联系。
3. 选择支持观点的引文。
4. 分析论据，而不是解释论据。
5. 反思每个主体段如何与论点相联系。

“五大策略” TAKING THE STRESS OUT OF HOMEWORK

使用贴切的词句

鼓励你的孩子：

1. 使用正确的语气和描述性语言。
2. 文章过渡自然流畅。
3. 深度钻研，仔细分析。
4. 注意语法和写作规范。
5. 将文章打印出来进行修改，先分段检查，再通篇检查。

附录 1
TAKING THE STRESS OUT OF HOMEWORK
如何准备美国各类入学考试

当阿比第一次辅导小金准备美国私立学校入学考试（Independent School Entrance Exam，ISEE）时，小金表现出对考试以及备考的不屑一顾，也对花时间思考如何考试表现出蔑视。她正读七年级，总想和朋友在一起，甚至每天做家庭作业时也要和朋友在一起。她宁愿做别的任何事情，也不愿看书上那些例题、练习题、解题线索、模拟试卷和评分表。

可能你也像小金一样，只是看到“考前复习”这几个字就会心跳加速、手心出汗。你的孩子讨厌考前复习。你当学生的时候也讨厌考前复习，现在作为家长，你依然讨厌它。无论是考初中、高中还是大学，备考过程都让人感到紧张。家长总是希望把最好的给孩子，但在竞争日益激烈的环境下，他们并不知道什么时候该提供帮助，也不知道如何提供帮助，更不知道要帮到什么程度。

除了帮助孩子拼尽全力，你还有很多事情需要弄清楚：他应该参加哪种类型的考试？什么时候开始准备？第一步要做什么？

我们将带你一起找到这些问题的答案，介绍具体的学习方法，帮助你的孩子构建扎实的专业学科知识基础，帮助他提升学习信心，以应对当前的考试和未来几年的考试。

阿比发现，尽管小金在班里的成绩处于中上等，但她在标准化考试中的表现却不怎么样。当阿比问小金如何看待标准化考试时，她回答说："我讨厌小把戏。我觉得考试题中满是陷阱，试图诱导我答错题。"

阿比可以帮助小金解决这个问题。如果学生将标准化考试看成难以逾越的障碍，那他们一定会害怕考试，也不可能发挥出自己的实力。如果阿比能帮助小金掌握学习内容，并让她明白，她以为的那些小把戏实际上是帮她避开错误答案的线索，那么小金的考试分数会明显提高，受挫心理也会得到缓解。

在深入了解具体考试的细节之前，我们先从如何处理整个备考过程开始。面对一次重要的标准化考试，家长最常问的问题是“我们需要为孩子买哪些备考资料”，或者“为了这次考试，有没有必要安排孩子上课外辅导班或请辅导老师”。

探索不同的备考方法

家长帮助孩子备考的方式多种多样。理想情况下，所有孩子都能公平地获得资源。但实际情形取决于家庭预算：有较为实惠的选择，也有花费较高的选择。

每个家长都应该购买一套模拟测试卷，或从图书馆借阅一套。从考试机构那里获取一份官方试题，然后再选择其他出版公司的书籍作为补充资料。如果可能的话，最好能给孩子复印这些练习卷，这样他在看材料做例题时，可以直接在上面写。

美国中学入学考试

《美国中学入学考试模拟试卷》是由卡普兰和普林斯顿等公司出版的，包含美国中学入学考试（Secondary School Admission Test，SSAT）和 ISEE 试卷。这些公司与考试出题方没有关系。这些书大多都有重点内容和最佳解题方法。让孩子提前阅读这些考试材料，做一些练习题，这样他在正式考试时会轻松一些。

需要注意的是，这些书的内容可能参差不齐，有些很难，有些简单，一些不太专业的书上还会出现错误。但总的来说，这些备考书仍然是最好的学习工具。

如果你的孩子要参加 SSAT，可以看看美国大学委员会提供的官方练习册。这本练习册非常不错，但其中只有 3 套练习测试卷，所以别让孩子着急完成。这些练习卷很适合作为模拟试卷，让孩子在临近考试时进行练习。

美国大学入学考试

对于大学入学考试来说，找到相关的练习册很容易。由美国大学委员会主办的学术能力评估测试（Scholastic Assessment Test，SAT）和由 ACT 公司主办的大学入学考试（American College Test，ACT）都有与真实试题差不多的练习册。此外，考试官网上都有免费的指南和样卷。美国大学委员会还与可汗学院合作，针对 SAT 提供免费的在线练习试题和样题。

其他参考。SAT 的在线练习题和 SAT 官方大纲上的习题是一样的。不过课本中还有其他的考试复习材料，它们和线上的材料不完全一样。总的来说，教材中的信息都可以在官网免费获得。不过，要留意打印权限，只打印在线测试题更划算。一定要让孩子做打印出来的练习题，而不是在网上做。这是因为考试还是以传统的试卷形式为主，对孩子来说，从心理和实操层面去适应考试的形式是很重要的。此外，在纸上做题可以呈现学习过程，避免许多错误。

ACT 网站提供的内容较少，但也差不多。关注美国大学委员会和 ACT 网站，这样你和孩子就可以熟悉考试的形式、内容和时间表等细节，以及其他一些有用的信息。ACT 的大纲也很有帮助，但其中只有 4 套练习题。你可以在网上再购买 2 套练习题。

关于考试

入学考试和各种类型的标准化评估一样，是为了让学校了解学生在某些固定科目中的学习情况，并对来自不同学校的学生进行比较。不过，尽管这类考试的目的是为了实现公平竞争，但学生的成绩并不仅取决于他们的智商，也不仅取决于他们准备得有多充分。各种因素都会影响他们的考试成绩，有些十分重要的因素超出了本书探讨的范围，其中包括在社会经济、学校品质和家庭环境方面的差异。

还有很多次要因素也会影响孩子在考试中的表现，比如考试前一天晚上的睡眠质量、其他孩子是不是做得很快而提前交卷等。一些孩子最大的障碍是他们在考试时的焦虑感，当他们看到一排排课桌，听到门上时钟的嘀嗒声时，他们心里就七上八下的。考试有时也看运气。比如说一个孩子在SSAT中的同义词部分看到的词恰好是她复习过的，而另一个孩子碰巧看到了一个他从未见过的复杂词汇。所以说，充分的考前准备会让孩子更有可能取得好成绩，但此间依然存在各种难以控制的变量。

好在当高中和大学录取学生时，学校看的不仅仅是分数。申请人的平时成绩、论文、推荐信、社会实践、面试和取得的成就等因素，在申请过程中都发挥着关键作用。有些学校比其他学校更重视分数，但越来越多的大学将考试成绩作为申请时的一种选择，报考的学生可以根据自己的情况选择是否提交考试成绩。

所有标准化考试的备考策略

需要提醒大家的是，我们的书籍并不是考前复习的唯一书目。对于各种实践问题，我们推荐参考官方指南。不过，提供几个例子依然会有很大帮助，这样你可以大致了解考试的要求，知道如何解答不同类型的问题。

首先，对于所有的考试，我们建议都遵循以下策略。

内容第一。虽然一些考试辅导机构在备考早期就教授考试技巧和诀窍，但我们认为学生应该先吃透内容。无论是跟着一对一的家教学习，还是在培训班学习，或是参照学习指南学习，摸底测试后的第一步都应该是仔细把所有的课程材料过一遍，看看哪些已经掌握了，哪些还要加强，从而建立信心。特别是在数学和语法的学习中，学生要掌握一些特定的规则，牢牢地掌握这些规则并反复练习是非常重要的。

许多学生在面对标准化考试时会感到焦虑，部分原因是他们认为需要依靠技巧或迂回的方式来应对考题。虽然我们在后文中也会详细介绍一些有用的答题技巧，但首先（也是最重要的），学生必须花时间确保没有在知识内容上脱节。

从学习内容开始，并将其作为重点进行关注，这样做的好处是让备考不再只是记住标准答案。学生将永远记得语法规则和数学定律，而考试技巧只对标准化考试有用。对学生和家长来说，花时间掌握好内容远比专为考试而背诵更有价值。

提前准备。比起在考前花一周时间死记硬背，更有效的方法是提前为考试做准备，无论是为了提高分数，还是为了帮助学生保持良好的心态，这样做都有帮助。此外，在考试前的几个月，学生最好每天读一篇新文章，为阅读理解和科学等考试做准备。对于参加 SSAT 或 ISEE 的孩子来说，这也是一个非常好的方法，不但能积累词汇量，同时也能了解一些新的话题。

休息好，吃得好，让大脑运转起来。考试前一晚，一定要把一切都准备好，这样就不会在考试当天早晨手忙脚乱。前一天的晚餐要吃好，还要保证睡眠，考试当天的早餐也要吃好。避免吃含糖量过高的食物或过量的碳水化合物。像鸡蛋这样的高蛋白食物通常是最佳选择，它能减少疲劳和防止饥饿。

在吃早餐的时候或去考点的路上，孩子应该做点什么让大脑运转起来呢？读读文章或者猜猜字谜都行。总之，做一些能让他集中注意力思考的事，为接下来的考试热身。

另外，记得让孩子多穿几件衣服，方便穿脱（教室里不同的座位温度不同，比如冬季里靠窗的座位较冷，靠暖气的座位较热）。最后，提醒孩子在考前 15 ～ 30 分钟去卫生间。考前 1 小时内不要喝水或饮料，考试期间去卫生间的话，会占用宝贵的答题时间。

扫码了解关于美国
入学考试的全部备考建议。

附录 2

TAKING THE STRESS OUT OF HOMEWORK

帮助学生有效管理家庭作业的资源

中学生家庭作业计划表

把每天的任务和作业分解成易于管理的小块，制订一个有具体时间的时间表。可以复制附表 2-1 的空白表，参考正文中的示例，以便日常使用。

附表 2-1　中学生家庭作业计划表

日期:____________

时间	任务

续表

时间	任务

低龄段学生家庭作业计划表

低龄段学生可以通过估算时间来制作时间表，用一个简单的表来安排任务和作业。可以复制附表 2-2 所示的空白表以便日常使用。

附表 2-2　低龄段学生家庭作业计划表

日期：__________

任务清单	预估时间
1.	
2.	
3.	
4.	

附录 3

TAKING THE STRESS OUT OF HOMEWORK

提升写作能力，可以这样做

帮助产生想法的提示

下面这些问题可以指导你完成写作任务。

你在写作中试图回答的问题是什么？

____

____

你在课堂上讨论了哪些主要内容?

老师建议你怎么写?

写作计划

使用倒推计划和时间表（见附表 3-1），将写作过程分成小的步骤，从截止日期开始倒着安排。首先，查看如附表 3-1 的示例，然后复制如附表 3-2 所示的空白表，以便日常使用。

附表 3-1 写作周计划样例

日期	我的写作步骤
周一，5 月 1 日	重读《杀死一只知更鸟》的重要章节
周二，5 月 2 日	收集相关原文，初拟可能要讨论的问题和陈述的内容
周三，5 月 3 日	细化论点，完成开头段和两个主体段的大纲
周四，5 月 4 日	完成大纲（第三个主体段和结论段）
周五，5 月 5 日	写初稿
周六，5 月 6 日	休息

续表

日期	我的写作步骤
周日，5 月 7 日	打印初稿，修改润色文章
周一，5 月 8 日	在计算机上编辑文章
周二，5 月 9 日	上交终稿

附表 3-2　可重复使用的写作周计划模板

日期	写作步骤

信息结构表

使用信息结构表来组织论据并激发写作思路。首先，查看正文示例，然后复制如附表 3-3 所示空白表，以供日常使用。

使用信息结构表之前的思考：

- 通过头脑风暴和信息结构表来思考一个论点或主要内容。
- 从文本中找到有力的证据来支持作文的观点。把它们都写出来，简要解释为什么它们很重要。
- 重新考虑暂定的论点是否需要根据证据进行修改。

附表 3-3　信息结构表模板

具体事例	引自原文中的证据（含页码）	意义：关于暂定的论点，引文和作者的写作技巧揭示了什么

作文大纲

在信息结构表中收集了证据后，可以使用下面的大纲进一步规划，拓宽写作思路。

可行的论点：

____

第一个主体段的主要内容：

第一个主旨句：

____

____

____

____

____

第二个主体段的主要内容：

____

____

____

____

第二个主旨句：

____

____

____

____

____

第三个主体段的主要内容：

____

____

____

____

第三个主旨句：

____

____

____

____

____

主体段写作模板

1. 主旨句（小论点）

____

____

____

2. 上下文关联句（引入论据）

3. 论据（引文或数据等）

____

____

____

____

____

4. 分析（解释论据）

____

____

____

____

____

____

____

5. 结论（对分析的解读）

____

____

____

____

____

致谢

非常感谢美国最好的文学经纪人之一、美国文联的特雷娜·基廷（Trena Keating）女士，如果没有她，这本书就永远不会出版。感谢梅甘·纽曼（Megan Newman）和露西娅·沃森（Lucia Watson）对我们的信任，她们怀着坚定的信念支持我们的项目。感谢苏西·斯沃茨（Suzy Swartz）对文章所做的精心修改。

感谢格雷斯仁慈教会学校的每个人——学生，家长，尤其是我们的同事，是他们给了我们机会，让我们每天做自己最喜欢的事情，让我们能够向他们学习。感谢格雷斯仁慈教会学校优秀的教师们，我们非常幸运能和他们共事，他们给予了我们珍贵的启迪和友谊，尤其感谢露西·艾迪诺夫（Lucie Aidinoff）和利娅·西尔弗（Leah Silver）。

还要感谢我们优秀的家庭教师团队，感谢他们出色的工作。特别是本吉·梅辛杰－巴恩斯（Benjie Messinger-Barnes）、戴维·罗森伯格（David Rosenberg）、凯尔·西尔弗（Kyle Silver）和维多利亚·汤姆（Victoria Tom），感谢他们分享了自己的专业知识并抽出宝贵的时间给予我们反馈。感谢莉萨·伯恩鲍姆（Liza Birnbaum）超凡脱俗的专业精神和给予我们的友谊。感谢比尔·艾布拉姆斯（Bill Abrams），是他最先建议我们写这本书的。

阿比——

感谢布雷利学校优秀的老师们和阿默斯特学院的教授们，感谢他们激发了我对学习和教学的热情。感谢我最亲爱的朋友，他们分别是伊丽莎白·谢尔本（Elizabeth Shelburne）、劳伦·马古利斯（Lauren Margulies）、卡莉斯·基西斯（Karlis Kirsis）、珍·格林伯格（Jen Greenberg）、安妮·比斯特林（Annie Bystryn）、乔·拉克（Joe Lack）、阿曼达·利德（Amanda Leader）、萨丽·阿维夫（Sari Aviv）、萨拉·阿克斯（Sarah Ax）和乔伊·阿克斯（Joey Ax）。感谢他们几十年来给予我无限的爱和支持，没有他们，这本书就不会诞生。感谢巴纳德学院、哥伦比亚温室幼儿园和格雷斯仁慈教会学校的家长朋友，感谢他们给予的智慧、温情和友谊。

说到要感谢家人时，我们总是无法用语言来表达，这虽然有点老套，却是事实。感谢杰瑞·平西斯（Jerry Pinciss）和刘易斯·法尔布（Lewis Falb）主动帮助做校对工作。感谢劳里·韦因西尔（Laurie Weinsier）和帕特里西娅·谢里登（Patricia Sheridan），他们对本书倾注了热爱、思考和期待。

感谢妈妈、爸爸和杰西，他们教会我写作和编辑，并让我懂得了一个道理：即使是最好的作家也需要不断地修改文章。谢谢他们给予我一种深沉而永恒的爱，以及对教育、勤奋和语言艺术本身的欣赏。我爱他们。

我最想说的是，如果没有我丈夫和儿子的支持，这本书是不可能出版的。感谢盖布和扎克，我的宝贝。我爱他们胜过一切。还有马克，感谢他给予我无尽的耐心、鼓励和爱。我如此幸运，能够拥有他们。

布里安——

感谢我的爸爸、妈妈和杰米·普拉策（Jamie Platzer）校长，他们是我认识的最好的教育家。感谢格雷斯仁慈教会学校、道尔顿学校、哥伦比亚大学、约翰斯·霍普金斯大学和奥韦戈湖营地（Lake Owegan）的老师们，感谢他们无私奉献的精神和启迪。特别感谢罗德·基廷（Rod Keating）老师教会了我如何成为一名老师。感谢斯科特·布罗姆利（Scott Bromley）、戴维·保罗（David Paul）、约翰·伦斯克（John Rensink）和伊莱·斯蒂尔曼（Eli Stillman）老师，他们教会了我很多。还要感谢乔、路易斯、马克斯和格雷斯，以及查理和加比。

和所有我做过的或将要做的有价值的事情一样，谢谢亚历克斯、欧文和萨米一如既往的支持，他们是这个世界上我最爱的人。

译者后记

2021 年对我来说是难忘的一年。这一年的 7 月，我离开了上海，告别了一双儿女，去外地创校，辗转在厦门、天津、淄博几个城市之间。很多个夜晚，我难以入眠，思念我的女儿希希、儿子望望。

9 月的一个傍晚，编辑老师来电邀请我翻译一本外文书籍。我一听说书籍的主题和家庭教育有关，便欣然答应。从那以后，每当夜幕降临，我独自一人坐在窗前，打开计算机，便开始了翻译的旅程。也因此，这段与家人分开的时光多了一份光芒与价值。

翻译的时候，我一直在思考一个问题：作为一名教育工作者、两个孩子的妈妈、一个学校管理者，我能从这本书里获得什么？

随着翻译工作不断推进，我越来越发觉本书与其说是教父母怎么辅导孩子做家庭作业，不如说在教父母如何成为孩子学习路上的引领者和支持者。现实中，很多父母在辅导孩子做作业的时候，都会遇到一些困难。这些父母中不乏一些在学生时代成绩很优异的成功人士，但他们辅导自己的孩子学习时，效果却不尽如人意。到底是哪里出了问题？有哪些解决问题的方法？我在本书里找到了一些答案。

孩子在学业上的进步和成长离不开良好的学习习惯，父母要记住这一点：你不必成为孩子各科学习的专家，但你应该在一个领域成为专家，这个领域就是帮孩子养成让他们终身受益的习惯——良好的执行能力。作为父母，我们在生活中解决了一个个琐碎的问题，在工作中将一个个大项目分解成若干个细小的步骤，凭借经验和教训积累了丰富的人生阅历和智慧，这些都是我们原本可以给到孩子的东西。在辅导孩子学习的时候，请记住：我们的角色并不是某个学科的老师，不需要解答一道道题，找到一个个答案；我们也不能满足于陪伴者的身份，只是倾听和安慰。我们要成为孩子学习旅程中的引领者，帮助他们更好地帮助自己。

执行能力是一切成功学习的基础。它解决的不只是完成一个个当前的学习任务，它还能影响孩子未来的发展。父母在帮助孩子解决一个个作业难题时，千万不要忽视真正影响孩子一生的品格教育，比如时间管理、决策能力等。一切辅导、支持都必须和教育的本质紧密联结起来。如此，在辅导具体学科作业时，才不至于本末倒置，才能够更好地帮助孩子学会自主学习，培养核心素养。

在本书里，作者还详细地介绍了具体内容的学习策略，这些策略更像是一个个小的学习习惯。因为小，所以更容易被忽略。然而无数个小习惯，一旦坚持下去，孩子在学业上便会更轻松。

在孩子成长的道路上，要不断学习的不只有孩子，还有父母。在翻译本书的过程中，我也时常反思自己。父母除了舍得为孩子的一生付出时间和金钱以外，也不要忘了教育的本质是什么。透过一张张试卷、一道道难题，我们要知晓孩子真正需要帮助的地方在哪里，看见真正决定孩子成长的本质是什么，用成人的智慧帮助他们调动内驱力，追求自我成长，并与孩子一起享受这个美好的过程。

2021 年的最后一个月，我提前完成了本书的翻译工作，并悄悄许下一个心愿：2022 年，我要把这本书作为礼物送给我的父母朋友、教育同行，还有我最亲爱的家人。

我也想对孩子们说：

告诉你们该做什么，不如跟你们一起讨论时间计划。

告诉你们正确的答案，不如听你们解释错误的答案。

告诉你们一句励志名言，不如分享我自己的故事。

不过，我还是想要告诉你们：

掌握好方法，学习就会变得更轻松！

未来，属于终身学习者

我这辈子遇到的聪明人（来自各行各业的聪明人）没有不每天阅读的——没有，一个都没有。巴菲特读书之多，我读书之多，可能会让你感到吃惊。孩子们都笑话我。他们觉得我是一本长了两条腿的书。

———查理·芒格

互联网改变了信息连接的方式；指数型技术在迅速颠覆着现有的商业世界；人工智能已经开始抢占人类的工作岗位……

未来，到底需要什么样的人才？

改变命运唯一的策略是你要变成终身学习者。未来世界将不再需要单一的技能型人才，而是需要具备完善的知识结构、极强逻辑思考力和高感知力的复合型人才。优秀的人往往通过阅读建立足够强大的抽象思维能力，获得异于众人的思考和整合能力。未来，将属于终身学习者！而阅读必定和终身学习形影不离。

很多人读书，追求的是干货，寻求的是立刻行之有效的解决方案。其实这是一种留在舒适区的阅读方法。在这个充满不确定性的年代，答案不会简单地出现在书里，因为生活根本就没有标准确切的答案，你也不能期望过去的经验能解决未来的问题。

而真正的阅读，应该在书中与智者同行思考，借他们的视角看到世界的多元性，提出比答案更重要的好问题，在不确定的时代中领先起跑。

湛庐阅读 App：与最聪明的人共同进化

有人常常把成本支出的焦点放在书价上，把读完一本书当作阅读的终结。其实不然。

时间是读者付出的最大阅读成本

怎么读是读者面临的最大阅读障碍

“读书破万卷”不仅仅在“万”，更重要的是在“破”！

现在，我们构建了全新的“湛庐阅读”App。它将成为你“破万卷”的新居所。在这里：

- 不用考虑读什么，你可以便捷找到纸书、电子书、有声书和各种声音产品；
- 你可以学会怎么读，你将发现集泛读、通读、精读于一体的阅读解决方案；
- 你会与作者、译者、专家、推荐人和阅读教练相遇，他们是优质思想的发源地；
- 你会与优秀的读者和终身学习者为伍，他们对阅读和学习有着持久的热情和源源不绝的内驱力。

下载湛庐阅读 App，
坚持亲自阅读，
有声书、电子书、阅读服务，
一站获得。

CHEERS

本书阅读资料包

给你便捷、高效、全面的阅读体验

本书参考资料

湛庐独家策划

- ✔ 参考文献
  为了环保、节约纸张，部分图书的参考文献以电子版方式提供
- ✔ 主题书单
  编辑精心推荐的延伸阅读书单，助你开启主题式阅读
- ✔ 图片资料
  提供部分图片的高清彩色原版大图，方便保存和分享

相关阅读服务

终身学习者必备

- ✔ 电子书
  便捷、高效，方便检索，易于携带，随时更新
- ✔ 有声书
  保护视力，随时随地，有温度、有情感地听本书
- ✔ 精读班
  2~4周，最懂这本书的人带你读完、读懂、读透这本好书
- ✔ 课　程
  课程权威专家给你开书单，带你快速浏览一个领域的知识概貌
- ✔ 讲　书
  30分钟，大咖给你讲本书，让你挑书不费劲

湛庐编辑为你独家呈现
助你更好获得书里和书外的思想和智慧，请扫码查收！

（阅读资料包的内容因书而异，最终以湛庐阅读App页面为准）

Taking The Stress Out Of Homework: Organizational, Content-Specific, and Test-Prep Strategies to Help Your Children Help Themselves by Abby Freireich and Brian Platzer.

This edition published by arrangement with Avery, an imprint of Penguin Publishing Group, a division of Penguin Random House LLC.

浙江省版权局
著作权合同登记号
图字:11-2022-103号

图书在版编目（CIP）数据

轻松搞定家庭作业 / (美) 阿比•弗赖雷克
(Abby Freireich) , (美) 布里安•普拉策
(Brian Platzer) 著 ; 杨迎春译. -- 杭州 : 浙江教育
出版社, 2022.8
书名原文: Taking the Stress Out of Homework
ISBN 978-7-5722-3703-4

Ⅰ. ①轻… Ⅱ. ①阿… ②布… ③杨… Ⅲ. ①学生作业—教育辅导 Ⅳ. ①G424.6

中国版本图书馆CIP数据核字(2022)第103810号

上架指导：学习 / 家庭教育

轻松搞定家庭作业
QINGSONG GAODING JIATING ZUOYE
[美] 阿比·弗赖雷克（Abby Freireich）[美] 布里安·普拉策（Brian Platzer） 著
杨迎春　译

责任编辑：李　剑　刘晋苏
美术编辑：韩　波
封面设计：ablackcover.com
责任校对：傅　越
责任印务：陈　沁
出版发行：浙江教育出版社（杭州市天目山路 40 号　电话：0571-85170300-80928）
印　　刷：石家庄继文印刷有限公司
开　　本：710mm ×965mm　1/16
印　　张：13　　**字　　数：**136 千字
版　　次：2022 年 8 月第 1 版　　**印　　次：**2022 年 8 月第 1 次印刷
书　　号：ISBN 978-7-5722-3703-4　　**定　　价：**69.90 元

如发现印装质量问题，影响阅读，请致电 010-56676359 联系调换。